梁啓超 著

飲冰室合集

專集

第十五册

中華書局

飲冰室專集之六十七

佛家經錄在中國目錄學之位置

圖書館學季刊經始同人責啓超屬文啓超於近代圖書館學既無所知於中國舊目錄學所涉亦至淺不敢輕易有言也顧夙好治佛學史輒取材於諸家經錄屢事繙檢覺其所用方法有優勝於普通目錄之書者數事一曰歷史觀念甚發達凡一書之傳譯淵源譯人小傳譯時譯地靡不詳敍二曰辨別眞僞極嚴凡可疑之書皆詳審考證別存其目三曰比較甚審凡一書而同時或先後異譯者輒詳爲序列勘其異同得失在一叢書中抽譯一二種或在一書中抽譯一二篇而別題書名者皆一一求其出處分別注明使學者毋惑四曰蒐采遺逸甚勤雖已佚之書亦必存其目以俟采訪令學者得按照某時代之錄而知其書佚於何時五曰分類極複雜而周備或以著譯時代分或以書之性質分性質之中或以書之函義內容分如既分經律論又分大小乘或以書之形式分如一譯多譯一卷多卷等等同一錄中各種分類並用一書而依其類別之不同交錯互見動至十數予學者以種種檢查之便吾儕試一讀僧祐法經長房道宣諸作不能不歎劉略班志荀簿阮錄之太簡單太素朴且痛惜於後此踵作者之無進步也鄭漁仲章實齋治校讐之學精思獨闢恨其於佛錄未一涉覽焉否則其所發撝必更有進可斷言也啓超雖頗好讀佛家掌故之書然未有一焉能爲深密之研究者加以校課煎迫勉分餘晷以草斯篇疏略舛謬之處定不知凡幾冀借此

以引起國內治目錄學及圖書館學者對於此部分資料之注意。或亦不無小補也。

民國十四年十二月二日屬稿。十四日成。　啓超。清華。

欲草斯論。宜先知經錄之家數及其年代存佚等。今製一表以作基礎。

元以前經錄一覽表

書名	卷數	著者	年代	存佚	省稱	備考
古經錄	一			佚		長房錄云似是秦始皇時釋利防等所賫經錄
舊錄	一			佚		長房錄云似前漢劉向校書所見經錄
漢時佛經目錄	一			佚		內典錄云似是明帝時迦葉摩騰譯經因即撰錄
漢錄	一	朱士行	曹魏時	佚		見長房錄但高僧傳本傳不錄
衆經錄	一	竺法護	西晉武帝時	佚		見貞元錄疑即聶道眞錄
衆經錄	一	聶道眞	西晉懷帝時	佚		見長房錄案道眞筆受法護所譯經此蓋其目錄
趙錄	一					內典錄云似是二趙時諸錄迻注未知姓氏

綜理衆經目錄	一	釋道安	晉寧康二年	佚	安錄	
二秦錄	一	釋僧叡	姚秦時	佚		叡爲道安弟子參鳩摩羅什譯事此書蓋專記羅什新譯本
衆經錄	四	釋道流 竺道祖	東晉時	佚		分魏錄吳錄晉錄河西錄道流草創未成而卒道祖續成之見長房錄
經論都錄 別錄	一 一	支敏度	東晉成帝時	佚		祐錄中屢引別錄當卽此書
衆經目錄	二	王宗	南齊武帝時	佚		
釋彌充錄	一	釋彌充	南齊時	佚		
宋齊錄	一	釋道慧	南齊時	佚		
釋道憑錄	一	釋道憑	北齊時	佚		
正度錄	一	釋正度		佚		
王車騎錄	一			佚		
始興錄	一			佚		長房錄云卽南錄

廬山錄	一			佚		
岑號錄	一			佚		
菩提流支錄	一		元魏時	佚		案此蓋最錄流支所譯書目
華林佛殿衆經錄	四	釋僧紹	梁天監十四年 515	佚		
靈裕法師譯經錄	一			佚		
衆經都錄	八			佚		
以上二十五家。費長房時已佚。長房錄存其目。內典錄因之。惟增漢時佛經目錄一種。貞元錄全襲內典錄。						
衆經別錄	二			佚		凡十篇長房錄備列其目云未詳作者似宋時撰
出三藏集記	一五	僧祐	南齊建武間 494—7	存	祐錄	現存經錄此爲最古
梁衆經目錄	四	寶唱	梁天監十七年 518	佚		
魏衆經目錄	一〇	李廓	北魏永熙間 532—3	佚		

齊衆經目錄	八	法上	北齊武平間 576—5	佚		
隋衆經目錄	五	彥琮		存		此錄今在藏中無年分無著者名氏前人指爲彥琮作不知信否姑沿之
隋衆經目錄	六	法經等二十人	隋開皇十四年 594	存	法經錄	
歷代三寶記	一五	費長房	隋開皇十七年 597	存	長房錄	內典錄題爲隋開皇三寶錄
仁壽內典錄	五	玄琬	隋仁壽間 601—4	佚		
唐衆經目錄	一五	靜泰	唐龍朔三年 661	存		此爲東京大敬愛寺藏經目
大唐內典錄	一〇	道宣	唐麟德元年 662	存	內典錄	
古今譯經圖記	四	靖邁	唐高宗時	存		
武周衆經目錄	一五	明佺	天册萬歲元年	存		
續大唐內典錄	一	智昇	唐開元十八年 730	存		
續釋經圖記	一	同	同	存		

開元釋教錄	二〇	同	同	存	開元錄	
開元釋教錄略書	四	同	同	存		
續開元釋教錄	二	圓照	唐貞元十年 794	存		
貞元釋教錄	三〇	同	唐貞元間	存	貞元錄	
續貞元釋教錄	一	恆安	唐保大四年 825	存		
祥符釋教錄			宋祥符間 1008–1016	佚		
景祐釋教錄			宋景祐間 1034–1037			右二錄皆據勘同所引不知作者姓名及卷數
聖教法寶標目	一〇	王古	元大德十年 1306	存	標目	
至元法寶勘同	一〇	慶吉祥	同	存	勘目	

明清兩代雖皆有大藏目錄。然大率踵元之舊。加增入藏新書。故皆從略。尚有明僧智旭閱藏知津一書。半筆記體。亦不錄。

經錄蓋起於道安。慧皎高僧傳卷五本傳云「自漢魏迄晉經來稍多而傳經之人名字弗說後人追尋莫測年代。安乃總集名目。表其時人。詮品新舊撰爲經錄。衆經有據。實由其功。」祐錄亦云卷二「爰自安公始述名錄、詮品譯才標列歲月，妙典可徵，實賴伊人。」又云：卷四「大法運流，世移六代，撰注羣錄，獨見安公。」皎祐兩書在佛家史傳中爲最古，其言如此，則安公之作前無所承可知。

祐錄中屢引「舊錄」，費長房指爲安錄以前之書，後人皆沿其說。但錄之出於祐公以前者皆可稱舊，不必其舊於安錄也。謂古錄出秦時釋利防，謂舊錄爲劉向所見，謂朱士行曾作漢錄，此皆費長房肊斷之說。（一）秦時有寶利防齎佛經來華，說見王子年拾遺記，後人附會謂「室」音同「釋」，殊不知僧徒以釋爲姓，始於道安，秦時安得有此。況拾遺記本說部，非信史，又況記中亦並未言有目錄耶。（二）東漢始有佛典，謂劉向曾爲作錄，太可笑。（三）朱士行三國時人，高僧傳有傳，並未言其作經錄。所謂漢錄者，殆後人依託耳。漢時佛經目錄，長房錄不載，始見於內典錄耳。原注云「似是迦葉摩騰所譯四十二章經等」。四十二章經已是僞書，則此錄之僞更不待辨。

安錄今雖已亡，然其全部似已爲祐錄采入，讀祐錄可以想見安錄，猶之讀班志可以想見劉略也。今略爲爬羅，則安錄之組織及內容考見者如下。

本錄第一——以譯人年代爲次，自漢安世高迄西晉末法立，凡著錄十七家二百四十七部四百八十七卷。

祐錄新集經論錄第一之前半皆用安錄原文，略有增補。祐自云「總前出經，自安世高以下至法立以上，凡十七家，並安公錄所載。其張騫秦景竺佛朔維祇難竺將炎白延帛法祖七人，是祐校衆錄新獲所附」。又於法護條下云「祐捃摭羣錄，遇護公所出，更得四部，安錄先闕」。今將祐錄中除出張騫以下七人所譯（此七家殆皆僞書）又除出護譯之四種八卷（原注「安錄闕」者）所得部數卷數如右，殆即安錄之舊。

失譯錄第二——不知譯人姓名者，凡百三十四種。

涼土異經錄第三關中異經錄第四——亦無譯人姓名。但能知其譯地。涼土五十九部七十九卷。關中二十四部二十四卷。

右三部祐錄全錄原文。惟失譯錄加入七部。

古異錄第五——此蓋從大經中摘譯單篇者。後此所謂「別生」也。凡九十二部九十二卷。

祐錄云「尋安錄自道地要語迄四姓長者合九十有一經。標爲古異。或無別名題。取經語以爲目。或撮略四含摘一事以立卷。」

疑經錄第六——安公鑑別認爲僞造之經。凡二十六部三十卷。

原序（祐錄卷五引）云「……經至晉土。其年未遠。而喜事者以沙標金。斌斌如也。而無括正。何以別眞僞乎。……今列謂非佛經者如左。以示將來學士共知鄙信焉」

注經及雜經志錄第七——皆安公所注羣經及其他關於佛學之著述。凡十八種二十七卷。

經錄一卷。卽在此中。內云「此土衆經出不一時。自孝靈光和已來。迄今晉康寧二年。近二百載。值殘出殘遇。全出全非是一人。難卒綜理。爲之錄一卷。」此數語卽安錄自序也。見祐錄卷五。

（附言）從祐錄中尋安錄。決可輯佚還其舊觀。所需者細心抉擇耳。有好事者試從事焉。亦可喜也。

安錄雖僅區區一卷。然其體裁足稱者蓋數端。一曰純以年代爲次。令讀者得知茲學發展之跡及諸家派別。二曰失譯者別自爲篇。三曰摘譯者別自爲篇。皆以書之性質爲分別。使眉目犂然。四曰嚴眞僞之辨。精神最爲忠實。五曰注解之書別自爲部。不與本經混。主從分明。（注佛經者自安公始）凡此諸義。皋牢後此經錄。殆莫之能易。安錄是將當時所有佛經之全部加以整理。有組織有主張的一部創作。故其書名爲綜理衆經目錄。但在安公前後作部分的記述者亦不少。其體裁可大別爲二。

一曰專記一人或一派之著述者——蓋起於聶道眞錄。道眞爲晉懷帝時人。先安公約五十年。當時有最大譯家竺法護譯經二百餘部。道眞實司筆受之役。護公歿。眞復自譯數部。因將其所譯受者泐成一錄。安公前之經錄。殆惟此一家而已。其後如菩提流支錄。釋靈裕譯經錄等。皆屬此類。大率六朝隋唐間大譯家皆有弟子爲之著錄。特其書多不傳耳。

長房錄卷十五於聶道眞錄之外別有竺法護錄一卷。竊疑此實一書耳。道眞自譯之書不過三四種。不能別自成錄。凡道眞錄所記者皆法護書也。祐錄於法護諸書之注引道眞錄者不下數十條。可見道眞錄即以專記法護爲目的。後人或因其專記法護而題爲法護錄者。長房無識。遂兩收之耳。

當時譯家多有專錄。法護錄於超信論條下云「勘眞諦錄無此書」。是當時有眞諦錄專記諦所譯書矣。其餘類此者尚多。檢長房錄及高僧傳可見。茲未能徧查備列。

二曰專記一朝代或一地方之著述者——安公弟子僧叡受學鳩摩羅什。爲什門首座。因撰次什譯諸經爲二秦錄。錄冠朝名。蓋始於此。道流道祖者。慧遠弟子。安公再傳也。流草創經錄。分魏吳晉河西四卷。河西錄亦名涼錄。未成而卒。祖續成之。即諸錄所引之道祖錄是也。三家皆出安門。二書即續補安錄。後此宋齊梁隋各斷代著錄。蓋沿其例。又如始興錄。廬山錄。皆以地爲名。蓋專記一地方所譯述者。

斷代著錄之書。據長房錄所記。則始於朱士行漢錄。但吾不信士行曾有此著作。長房錄又載有趙錄一卷。無撰人名氏。內典錄謂似是二趙（劉曜石勒）時諸錄。然二趙並無譯經。何能別自成錄。殆後人影射二秦錄依託爲之耳。

右兩類皆部分的整理之著述也其繼安公之後爲全部的整理者在南則有支敏度在北則有李廓敏度晉成帝時豫章沙門所著有經論都錄經論別錄兩書長房錄云（卷七）「度總校羣經合古今目錄撰此都錄」則都錄性質爲屬於全部的可知其別錄另爲一書不知義例何如羣錄中引「別錄」之文不少意卽爲敏度書或所錄者帶存疑意味耶李廓爲北魏永平間人其書名衆經錄目係奉勅撰前此諸家經錄皆私人著述勅撰自廓錄始長房錄（卷九）謂「廓通內外學注述經錄甚有條貫」其書已佚長房錄存其目

前此諸錄皆僅分年代不判教乘至齊武帝時王宗爲衆經目錄二卷長房錄（卷十一）謂其「撰大小乘目錄」大小乘分類蓋自宗始（所以有二卷者蓋大小乘各自爲卷）其書今亦不傳（王宗在李廓前）

現存最古之經錄爲梁僧祐出三藏集記卽所謂祐錄是也祐雖終於梁代其書則成於齊建武中尚在慧皎『高僧傳前中國佛學掌故書莫古於是矣祐自序云「昔安法師以鴻才淵鑒爰撰經錄訂正聞見炳然區分自茲以來妙典間出而年代人名莫有銓貫……」又云「敢以末學響附前規率其管見接爲新錄兼廣坊別目括正異同」據此則祐之著述私淑安公且以續補安錄自任可知又自述全書組織云「一撰緣記二銓名錄三總經序四述列傳緣記撰則原始之本克昭名錄銓則年代之目不墜經序總則勝集之時足徵列傳述則伊人之風可見」今依此分別則全書目錄列表如下

(一)撰緣記（卷一）——先敍印度佛經結集傳授源流次序三藏八藏等名稱次論胡漢譯經音義同異凡五篇

祐錄

- （二）銓名錄
  - （卷二）
    - 新集經論錄
    - 新集異出經錄
  - （卷三）
    - 新集安公古異經錄
    - 新集安公失譯經錄
    - 新集安公涼土關中異經錄
    - 新集律部錄
  - （卷四）——續撰失譯雜經錄
  - （卷五）
    - 新集抄經錄
    - 安公疑經錄
    - 新集疑經錄
    - 安公注經及雜經志錄
- （三）總經序
  - （卷六至卷十一）——此六卷名爲序集錄四十二章經至千佛名號各書之序凡　篇
  - （卷十二）——此卷名雜錄亦錄各書序凡十篇而祐所自作者爲多
- （四）述列傳——（卷十三至十五）——此三卷名爲傳自安世高至法勇凡傳　篇

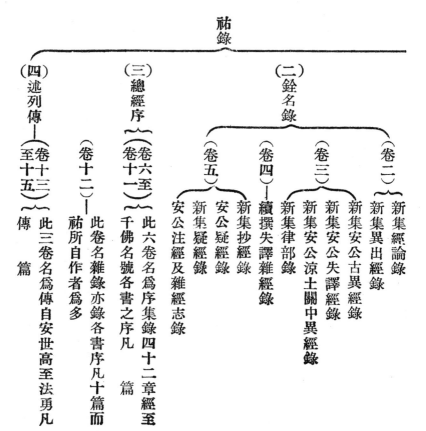

祐錄第二部分（卷二至卷五銓名錄之部）蓋踵襲安錄。有所捐益。餘三部分則其所自創。其在「經錄學」中新貢獻者有下列數點。

（一）敍述佛典來歷及繙譯方法。——雖疏略誤謬處甚多。然此方面的研究。實由此書啓其緖。

（二）新立「異出」一部——一經而有數譯本者。備舉之以資比較在佛家經錄中。此種方法實爲極要。其創之者則祐錄也後此諸錄以「一譯」「異譯」分類蓋師其意。

（三）新立「抄經」一部——節抄之本當然不應與原書同列。祐錄別立此部。亦如史鈔子鈔等之別爲類也。

（四）廣搜經序——朱彝尊經義考全錄各書之序。深便學者。最初創此例者則祐錄也。雖似散漫無紀。然實能爲學術界保存無限可寶之資料且令學者雖未窺原書讀其序亦可知其崖略焉此實佛藏提要之椎輪也。

（五）詳述列傳——安錄雖以譯人時代區分。然於譯人之傳記語焉不詳。祐錄別爲列傳一卷附全書之末於知人論世最有裨。

法經總評諸錄。安公以下。獨推祐公。而不諱其短。其言曰。「道安法師創條諸經目錄。……自爾達今。二百餘年。製經錄者十有數家。或以數求。或用名取。或憑時代。或寄譯人。各紀一隅。務存所見。獨有揚州律師僧祐撰三藏記錄。最爲可觀。然猶小大雷同。三藏雜糅。抄集參正。傳記亂經。考始括終。莫能該備。」（隋衆經目錄卷末自序）據此則安錄以後。宜推祐錄。蓋識者所同認矣。法經所糾彈四事。雖中祐錄之病。然亦有當分別言之者。——其所云「小大雷同」。蓋譏祐不以大小乘分類。然崇大抑小。實隋唐以後習氣。自安迄祐。殆無此見。且大小界限本極難分。近世治佛教史者類能言其故。祐不分此。蓋未可厚非。其所云「三藏雜糅」蓋譏祐不以經律論分類。然祐實已別律於經。其內序云「至於律藏初啓。則詳書本源。審覈人代。列於上錄」書中卷三之第五六章皆專記律藏。經律分紀。祐實創之。豈容反以雜糅相責。至於附論於經。則因其時論藏輸入甚少。未能獨立故耳。其所云「抄集參正」則抄經另錄。亦始於祐。所訶殊乖其實。惟祐書有一例外。「安公時抄悉附本錄」（卷五新集抄經錄序）此則自有別裁。未可厚責。其失譯錄中錄抄經甚多。然皆下注「抄」字。一目了然。亦非自亂其例也。所謂「傳記亂經」者。祐書誠所不免。殆因爲書甚少。不能別立部門。故隨譯人以附錄耳。然則法經所抨擊。吾儕宜爲祐諒恕者蓋什而八九也。

要之祐錄分類不如後此諸家之密。此無庸爲諱者。其書中之大病。則在其中一大部分僅保存原料之原形。而未嘗加以細工的組織。雖然創事者難爲功。豈容苛責古人。吾儕若以安錄比歆略。則祐錄之視班志固亦無愧色矣。

僧祐以後。著經錄者蓋注重分類。有兩部已佚之錄。僅存篇目。而其分類頗有參考之價值者。一曰李廓錄。二曰寶唱錄。今據長房錄所記表示如下。

大乘經律目錄一
大乘論目錄二
大乘經子註目錄三

(一)李廓錄

- 大乘未譯經論目錄四
- 小乘經論目錄五
- 小乘論目錄六
- 有目未得經目錄七
- 非眞經目錄八
- 非眞論目錄九
- 全非經愚人妄稱目錄十

李廓者。費長房所稱爲甚有條貫者也。其書之特色。則(一)大小乘分類。此蓋王宗創之而廓次效之。(二)經律與論分類。此似廓所首創。其尤特別者則(三)未譯經論別存其目。此朱氏經義考別存「未見」一目之例也。其僞書類分爲「非眞」與「全非經」兩種類。亦後此「疑惑」「僞妄」分科之嚆矢。惟僅分經律論三藏。則傳記等書應歸何目。苦難配合。此當爲廓錄之一缺點也。

- 大乘經
  - 有譯人
    - 每卷
    - 一卷
  - 無譯人
    - 多卷
    - 一卷
- 小乘經
  - 有譯人
    - 多卷
    - 一卷
  - 無譯人
    - 多卷
    - 一卷

（二）寶唱錄

- 先譯異經
  - 多卷
  - 一卷
- 禪經
  - 多卷
  - 一卷
- 戒律
- 疑經
- 注經
- 數論
- 義記
- 隨了別名
- 隨事共名
- 譬喻
- 佛名
- 神呪

寶唱錄爲梁天監十七年奉勑撰。其書分類刻意求詳細。而失於瑣碎。不合論理。諸經以一卷多卷區分。無所取義。一也。論不別主類。不知何屬。二也。禪經以下分析太繁。無有系統。三也。異譯之經。本宜別類。乃反不別。四也。其書不傳。蓋宜在淘汰之列耳。

現在經錄中最謹嚴有法度者。莫如隋之法經錄。此書爲開皇十四年勑翻經大德法經等二十人所撰。名曰大隋衆經目錄。蓋其時佛學已達全盛時代。此二十人者又皆一時之選。故能斟酌條理。漸臻完善也。其書由兩種分類縱剖橫剖組織而成。一曰以書之內容本質分類。二曰以書之流傳情狀分類。今表示如下。

第一類
- 大乘
  - 修多羅藏（卽經）
  - 毘尼藏（卽律）
  - 阿毗曇藏（卽論）
- 小乘
  - 修多羅藏
  - 毘尼藏
  - 阿毗曇藏
- 抄集錄
  - 西域聖賢
  - 此方諸德
- 傳記錄
  - 西域聖賢
  - 此方諸德
- 著述錄
  - 西域聖賢
  - 此方諸德

右分類。經律論三藏。釐然分明。每藏又分大小乘。在佛典分類中最爲科學的。其三藏以外之書。分抄集傳記著述三類。而每類又分西域與此土。則一切典籍可以包括無遺。

第二分類

一譯——只有一譯本者
異譯——有三次以上譯本者
失譯——不知譯人姓名者
（以上）著錄

別生——節本別題者
疑惑——來歷不明可疑者
僞妄——決定爲僞書者
（以上）存目

右分類專適用於經律論三藏。其抄集傳記著述不與焉。本書中自下其解釋如左。

一譯——並是原本一譯。其間非不分摘卷品別譯獨行。而大本無虧故宜定錄。

異譯——或全本別翻。或割品殊譯。然而世變風移。質文迭舉。既無梵本校讐。自宜俱入定錄。

失譯——雖復遺落譯人時事。而古錄備有。且義理無違。亦爲定錄。

別生——並是後人隨自意好。於大本內抄出別行。或持偈句便爲卷部。緣此趣末歲廣。妖濫日繁。今宜攝入。以敎根本。（原書於別生本某書抄自某經一一注明極爲完密）

疑惑——多以題注參差。衆錄致惑。文理複雜。眞僞未分。事須更詳。且附疑錄。

僞妄——或首掠金言。而末申謠讖。或初論世術。而後託法詞。或引陰陽吉凶。或明神鬼禍福。諸如此類。僞妄灼然。今宜祕寢。以救世患。

以此六種分類攝盡通行一切經典。眞者寫定入藏。以廣其傳。別生及疑僞者雖屏不入藏。仍著其目。使後世勿爲所惑。別擇精嚴。組織修潔。專以目錄體例論。此爲最合理之作矣。今攬其全書。製爲兩表。

法經錄大小乘三藏書目統計表第一

第二分類 \ 第一分類		一譯 部數	一譯 卷數	異譯 部數	異譯 卷數	失譯 部數	失譯 卷數	別生 部數	別生 卷數	疑惑 部數	疑惑 卷數	僞妄 部數	僞妄 卷數
大乘	經	一三三	四二一	一九五	五三二	一三四	二七五	二二一	二六四	二一	三〇	八〇	一九六
	律	一二	三二	七	七	一二	一四	一六	一六	一	二	二	一二
	論	四二	二〇六	八	五二	一	二	一五	一九	一	一	一	一
小乘	經	七二	二九二	一〇〇	二七〇	二五〇	二七二	三四一	三四六	二九	三一	五三	九三
	律	一五	一九八	八	一二六	二九	三五	六	六	二	三	三	三
	論	一四	二七六	八	六六	五	二二	八六	一〇七	一	一	二	一〇
合計		二八八	一四二五	三二六	一〇五三	四三一	六二〇	六八五	七五八	五五	六八	一四一	三一四
	入藏者共一〇四五部三〇九八卷　存日者共八八一部一一四〇卷												

法經錄雜著書目統計表第二

書之性質＼著者產地	西域 部數	西域 卷數	此土 部數	此土 卷數
抄集類	四八	一一九	九六	五〇八
傳記類	一三	三〇	五五	一五五
著述類	一五	一九	一〇四	一一五
合計	七六	一六八	二五五	七七八

隋代經錄。除法經錄外尚有兩家宜論列者。一曰彥琮。二曰費長房。

藏中題隋衆經目錄者兩部。一部六卷。即法經錄。一部五卷。不題撰人名氏。據貞元錄知其出彥琮手。彥琮深通梵文。爲玄奘以前惟一之通博學者。本傳（續高僧傳卷二葉二十）稱『仁壽二年下敕更令撰衆經目錄。乃分爲五例。謂單譯重譯別生疑僞隨卷有位。帝世盛行』是其分類殆與法經錄全同。今藏中五卷本分爲單本重翻賢聖集傳別生疑僞闕本凡六類。與傳文不盡合。五卷本優於六卷本者一事。曰別立闕本門。使存佚得所考焉。其不及六卷本者亦一事。則賢聖集傳既不分類。復不分西域此土也。

彥琮傳中有應特記者一事。（葉二十一）『時新平林邑所獲佛經合五百六十四夾，一千三百五十餘部，並崑崙書，多梨樹葉。有敕送館，付琮披覽，幷使編敍目錄，以次漸翻。乃撰爲五卷，分爲七類，所謂經律論方字雜書七也。必用隋言以譯之，則成二千二百餘卷。』據此知彥琮尚有巴利文經錄五卷，可謂我國目錄學界空前絕後之作。今不惟原書淪亡，並琮錄亦佚去，深可惜也。

費長房所撰歷代三寶記，亦名開皇三寶錄，省稱長房錄，在現存諸經錄中，號稱該博。書凡十五卷。前三卷爲年表，第四卷至第十二卷歷記自後漢迄隋所譯經典，以年代及譯人先後爲次，每人先列其所譯著之書，而末系以小傳。卷十三十四爲大小乘入藏目，卷十五則仿馬班二史之例，自爲序傳，而以歷代經錄附焉。道宣評其書曰：『翻經學士成都費長房因俗博通，妙精玄理。……撰三寶錄一十五卷，始於周莊之初，上編甲子，下錄年編，並諸代所翻經部卷目軸，別陳敍。函多條例，然而瓦玉雜糅，眞僞難分，得在通行，闕於甄異。』（續高僧傳卷二）又曰：「房錄後出，該瞻前聞，然三寶共部，僞眞淆亂。」（內典錄卷十）今案法經錄成於開皇十四年，長房錄成於十七年，相去不過三年。法經著錄四〇九四卷，並存目合計亦不過五二三四卷，而長房錄乃驟增至六二三五卷，實可驚異。大抵長房爲人，貪博而寡識，其書蓋鈔撮諸家之錄而成，蒐采雖勤，別裁苦尠。其最可觀者，實惟前三卷之年表，雖考證事實，舛訛尚多，然體例固彼所自創也。

經錄之學，至隋而殆已大成。綜其流別，可分兩派：其一，專注重分類及眞僞，自僧祐李廓以下皆是，至隋法經集其成，入唐則靜泰明佺衍其緒。其二，專注重年代及譯人，竺道祖以下，凡以朝代冠錄名者皆是，至隋費長房集大成，入唐則靖邁衍其緒。

靜泰唐衆經目錄。明佺大周刊定衆經目錄。大體皆沿法經錄之舊。靜泰只是續法經。更無改作。明佺則門類卷帙皆有加增。然頗蕪雜。智昇評明佺錄云「當刊定此錄。法匠如林。德重名高。未能親覽。但指揮末學。令緝撰成之。中間乖失。幾將太半。此乃委不得人之過也」觀此則明佺錄價值可見。

靖邁著古今譯經圖記四卷。乃大慈恩寺翻經堂內壁畫古今傳譯故事。邁因撰題畫後。其書不過長房錄之節本。無所發明。別擇

唐代經錄學大家。則前推道宣。後有智昇。道宣學風。酷類僧祐。（傳稱其為僧祐轉生）同為明律大師。同諳悉佛門掌故。續高僧傳以纖慧皎。其精審殆突過之。有名之大唐內典錄十卷——省稱內典錄。實彼七十歲時之著作（原跋云「余以從心之年。强加直筆。舒通經教」）其書集法經長房兩派之所長而去其所短。更為有系統的且合理的組織。殆經錄中之極軌矣。全書為錄者十。為卷者六十。然卷並非隨錄而分合。今表列如下。

大唐內典錄
- 唐代衆經傳譯所從錄第一
  - 卷一—後漢
  - 卷二—前魏南吳西晉
  - 卷三—東晉前秦後秦西涼北涼
  - 卷四—宋前齊梁後魏後齊
  - 卷五—後周陳隋皇朝
- 歷代翻本單重傳譯有無錄第二
  - 卷六—大乘經律論
  - 卷七—小乘經律論
- 歷代衆經分乘入藏錄第三—卷八
  - 大乘經
    - 一譯
    - 重翻
  - 小乘經
    - 一譯
    - 重翻

小乘律
大乘論
小乘論
賢聖集傳

歷代衆經舉要轉讀錄第四—卷九

歷代衆經有目闕本錄第五
歷代道俗述作注解錄第六
歷代諸經支派陳化錄第七
歷代所出疑僞經論錄第八
歷代衆經錄目始終序第九
歷代衆經應感興敬錄第十
—卷十

道宣對於十錄義例。自有解釋。照錄如下。

歷代衆經傳譯所從錄—謂代別出經及人述作。無非通法。並入經收。故隨經出。

歷代翻本單重人代存亡錄—謂前後異出。人代不同。又遭離亂。道俗波迸。今總計會。故有單重。綠敍莫知。故傳失譯。

歷代衆經分乘入藏錄—謂經部繁多。綱要備列。從帙入藏。以類相從。故分大小二乘。顯單重兩譯。

歷代衆經舉要轉讀錄—謂轉讀尋玩。務在要博。繁本重義。非曰被時。故隨部撮舉。簡取通道。自餘重本。存而未暇。

歷代衆經有目闕本錄—謂總檢羣錄。校本則無。隨方別出。未能通遍。故別顯目訪之。

歷代道俗述作注解錄—謂注述聖言。用通未悟。前已雜顯。未足申明。今別題錄。使尋覽易曉。

歷代諸經支派陳化錄—謂別生諸經。曲順時俗。未通廣本。且接初心。一四句偈未可輕削故也。
歷代所出疑僞經論錄—謂正法深遠。凡愚未達。隨俗下化。有悖眞宗。若不標顯。玉石斯濫。
歷代衆經錄目始終序—謂經錄代出。須識其源。
歷代衆經感應興敬錄—謂經翻東夏。應感徵祥。而有蒙祐增信。故使傳持惟遠。

今以內典錄比較前錄。其優點可指者略如下。

一——自卷一至卷五之傳譯所從錄。將長房錄全部攝入。但彼則務炫博而眞僞雜收。此則務求眞而考證綦審。又一經而有數譯本者。皆注「初出」「第二出」「第三出」……字樣。令讀者一望而知傳譯次第。此例雖創自長房錄。然彼或注或不注。此則略無遺漏。又某經初見於某錄。一一注明。既以見著述淵源。亦使舊錄雖佚而後世猶得循此以求其面目。

二——其「單重傳譯有無」「分乘入藏」「支派陳化」「疑僞經論」四錄。將法經錄全部攝入。然法經於每類之下皆分一譯異譯史譯別生疑惑僞妄六門。其後三門既擯不著錄。而仍與前三門同廁於一卷中。未免亂讀者耳目。道宣各自爲篇。不相雜廁。在組織上最爲合理。又別生一項。法經絕對排斥。道宣相對保存。疑惑僞妄。法經分而爲二。道宣合而爲一。皆宣優於經之點。

三——法經於闕本悉置不記。道宣主「有目闕本」一錄。且明言爲將來採訪之資。抱殘守缺。確是目錄學家應有之態度。

四——道宣錄中最有價值之創作。尤在「衆經舉要轉讀錄」一篇。蓋佛典浩如煙海。讀者本已窮年莫殫。加以同本異譯。摘品別行。疊屋支牀。益苦繁重。宣公本篇於異譯別行諸經。各擇其最善一本以爲代表。例如華嚴經則舉佛陀跋陀譯之六十卷本。而異譯異名之十部（度世漸備信力十住興顯羅伽住法本業兜沙佛藏）皆該攝省略焉。涅槃經則舉曇無讖譯之四十卷本。摩訶般若經則舉羅什譯之三十卷本。大集經則舉曇無讖譯前三十卷本及耶舍譯後三十卷本。……諸如此類。其裨益於讀者實不少。著書足以備學者顧問。實目錄學家最重要之職務也。

智昇之開元釋敎錄二十卷。大體依倣內典錄。其特點則在經論分類之愈加精密。今示其全部組織如下。

- 開元釋敎錄
  - 正錄＝總集羣經錄——卷一至十
  - 別錄＝別分乘藏錄
    - 有譯有本錄—卷十一至十三
    - 有譯無本錄—卷十四十五
    - 支派別行錄—卷十六
    - 刪略繁重錄、補闕拾遺錄—卷十七
    - 疑惑再詳錄、僞妄亂眞錄—卷十八
    - 大乘入藏錄—卷十九
    - 小乘入藏錄—卷二十

前此僅以大小乘經律論分類。至智昇則大小乘經論又各分類焉。派別分類自此始也。今將原書「有譯有本錄」之細目列表如下。（有譯無本錄及支派別行錄細目略同）

有譯有本錄

- (一)菩薩三藏錄(卽大乘)
  - 菩薩契經藏(卽大乘經)
    - 般若經新舊譯
    - 寶積經新舊譯
    - 大集經新舊譯
    - 華嚴經新舊譯
    - 涅槃經新舊譯
    - 五大部外諸重譯經
    - 大乘經單譯
  - 菩薩調伏藏(卽大乘律)
  - 菩薩對法藏(卽大乘論)
    - 大乘釋經論
    - 大乘集義論
- (二)聲聞三藏錄(卽小乘)
  - 聲聞契經藏(卽小乘經)
    - 根本四阿含經
    - 長阿含中別譯經
    - 中阿含中別譯經
    - 增壹阿含中別譯經
    - 雜阿含中別譯經
    - 四含外諸重譯經
    - 小乘經單譯
  - 聲聞調伏藏(卽小乘律)
    - 正調伏藏
    - 調伏眷屬藏

- 聲聞對法藏（卽小乘論）
  - 有部根本身足論
  - 有部及餘支派論
- (三)聖賢傳記錄
  - 梵本翻譯集傳
  - 此方撰述集傳

學術愈發達。則派別愈細分。開元錄將大小乘經論更加解剖。此應於時勢要求。自然之運也。其分類以大乘論分釋經集義兩門爲最合論理。蓋純依原書性質爲分也。自餘大乘經之分五部。而五部外單譯本別自爲類。小乘經分四含。而四含外單譯本別自爲類。此皆因部帙繁簡。姑爲此畫分以便省覽。在學理上非有絕對正確根據。但就目錄學的立場言之。則取便查檢。亦正是此學中一重要條件。智昇創此。其功自不可沒。而後此製錄者。亦竟罕能出其範圍也。

開元錄更有一點可稱述者。則子注之詳細是也。經錄之有子注。自安錄已然。其注蓋如漢書藝文志簡單數字而已。此後則祐錄法經錄長房錄內典錄遞有加增。至開元錄則有長至數百言。儼成提要之形者。以識鑒論智昇。誠不逮道宣。故往往有宣所斥爲僞書而昇仍濫收者。然昇既後起。宗法宣公而用力甚劬。其考證資料之餉遺吾儕者。斯爲最富矣。其敍列古今諸家目錄一篇（卷十）於祐經房宣四錄。皆有頗嚴密之批評。惜皆屬枝節的訂譌。於著作體裁論列蓋尠。

要之開元錄一書。踵內典錄之成規。而組織更加綿密。資料更加充實。在斯學中茲爲極軌。其後貞元間圓照爲貞元新定釋教錄。襲錄其文。不易一字。惟增實叉難陀義淨不空菩提流志等數譯家而已。附數篇於續錄。良慨雅裁。攘全書易新名。太災梨棗矣。

有宋一代作者未聞。祥符景祐兩錄。僅見徵引（法寶標目卷首）原書似已佚。無從評騭。大抵續貞元之舊。補入新譯而已。

元代則有極有價值之經錄二種。一曰王古之大藏聖教法寶標目十卷。二曰慶吉祥等奉勅撰之至元法寶勘同十卷。二書皆依元大藏經原目爲次。其組織無特別可論。所注意者則書之內容而已。

前此經錄雖多。求其如郡齋讀書志直齋書錄解題之例。撮舉各書內容爲作提要者。竟無有。祐錄諸經序。雖頗存此意。然經不皆有序。序亦不皆爲提要體。範圍亦云狹矣。況祐錄以後。名著疊出者十倍於前。有序者甚少。其序亦不見於諸家經錄中。是以讀佛典者欲得一嚮導之書。殆無從尋覓。可謂憾事。王古標目。純屬提要體。於各經論教理之內容。傳譯之淵源。譯本之分合同異等。一一論列。文簡而意賅。非直空前創作。蓋直至今日。尚未有繼起之第二部也。中間惟晚明智旭作閱藏知津。頗師其意。然智旭書惟抄寫各經論之篇目耳。不能挈全書綱領。俾學者得知其概。其去王古書遠矣。

法寶勘同錄者。以漢文藏文兩大藏對照。勘其同異。原序云。

「皇帝……念藏典流通之久。蕃漢傳譯之殊。特降綸言。溥令對辯。諭釋教總統合台薩里。帝師拔合思八葉璉國師……漢士義學亢理二講主慶吉祥及畏兀兒齋牙答思翰林院承旨旦壓孫安藏等。集於大都。自至元二十二年乙酉春至二十四年丁亥夏。各秉方言。精加辯質。頂踵三齡。銓讎乃畢。……復詔講師科題總目。號列群函。標次藏乘。互明時代。……」

觀此可見此書之成。閱時三載。以深通藏語之人。持本對讎。證其同異。此種事業。在佛學界至爲重大。在今日仍有繼續進行之可能及必要。然非藉政府之力不易爲功。故千年來行之者。僅此一度也。

飲冰室專集之六十八

見於高僧傳中之支那著述 十一年十月四五兩日鈔

通三世論 鳩摩羅什著 勗示因果
實相論二卷 鳩摩羅什著
維摩經注 鳩摩羅什著
人物始義論 晉法暢著 晉成帝時人
傳譯經錄 晉支敏度著 同上
格義 晉竺法雅康法朗等著 以經中事數擬配外書爲生解之例
莊子逍遙篇注 晉支遁著
安般四禪諸經注 支遁
卽色遊玄論 支遁
聖不辯知論 支遁
道行旨歸 支遁
學道誡 支遁

法華義疏四卷　晉法崇著

毗曇旨歸　晉竺僧度著

勝鬘經注　晉竺慧超著

般若道行密迹安般諸經注二十二卷　晉道安著

經錄　道安著

僧尼軌範　道安著

放光經義疏　晉法汰著　道安學侶傳言講放光又言所著義疏未知是一否

與郗超與論本無義　法汰有沙門道恆執心無義汰遣弟子曇壹難之

神無形論　晉僧敷著　道安學侶時異學之徒咸謂心神有形但妙於萬物敷著此論有形便有數有數則有盡神既無盡故知無形矣時狀辯之徒紛紜交諍既理有所歸愜然信服

放光經義疏　僧敷

道行經義疏　僧敷

十住注解　晉僧衞著　道安後輩

立本論九篇　晉曇徽著　道安弟子

六識旨歸十二首　同上

法性論　晉慧遠著先是中土未有泥洹常住之說但言壽命長遠而已遠乃歎曰佛是至極則無變無變之理豈有窮耶

因著此論曰至極以不變爲性得性以體極爲宗羅什見而歎曰邊國人未有經便闇與理合

大智度論抄二十卷 同上遠以大論文句繁廣初學難尋抄其要文如此

沙門不敬王者論五篇 同上 今存

集十卷 同上論序銘贊詩書等五十餘篇

維摩經注 晉曇詵著 慧遠弟子

法華經義疏 晉道融著 羅什弟子

大品般若義疏 同上

金光明經義疏 同上

十地經義疏 同上

維摩經義疏 同上

法華義疏 晉曇影著 羅什弟子

中論注 同上

諸經論序 晉僧叡著羅什弟子今存者多大智論十二門論中論等序并注大小品法華維摩思益自在王禪經等序

釋駁論 晉道恆著 羅什弟子

百行箴 同上

舍利佛毗曇序 晉道標著 羅什弟子

般若無知論　晉僧肇著羅什弟子今存　羅什書大品般若後肇著此論二千餘言呈什什稱善

不眞空論　同上　今存

物不遷論　同上　今存

維摩經注　同上

諸經論序　同上

涅槃無名論　同上今存　什公亡後作　十演九折凡數千言博採衆經託證成喻

二諦論　晉道生著　羅什弟子

佛性當有論　同上

法身無色論　同上

佛無淨土論　同上

應有緣論　同上

維摩經注　同上　僧肇始注維摩世咸玩味生更深旨顯暢新典

涅槃記　晉寶林著　道生弟子

異宗論注　同上

檄魔文　同上

金剛後心論　晉法寶著　寶林弟子　祖述生公

十四音訓敍　宋慧叡著　羅什弟子　條例梵漢昭然可了使文字有據

無生滅論　宋慧嚴著　羅什弟子

老子略注　同上

辯宗論　宋慧觀著　慧遠弟子　論頓悟漸悟義

十喻序讚　同上

勝鬘經注　宋僧馥

白黑論　宋慧琳著　乖於佛理何承天著達性論應之並拘滯一方詆訶釋教顏延之及宗炳難駁二論各萬餘言

維摩經注　宋慧靜著

思益經注　同上

涅槃略記　同上

大品旨歸　同上

達命論　同上

實相論　宋曇無成著　羅什弟子

明漸論　同上

神不滅論　宋僧含著　任函著無三世論　含作論抗之

聖智圓鑒論　同上

法身論　同上
業報論　同上
法華宗論　同上
釋異十論　宋道含著
集六卷　宋曇諦
成實論疏　宋僧導著　羅什弟子
三論義疏　同上
空有二諦論　同上
集十卷　宋慧靜著
顯驗論　宋法愍著　明因果
大道經注　同上
法性論　宋僧宗著
覺性論　同上
要義百科一卷　宋梵敏著
七家論　宋曇濟著
經目　宋曇宗著

數林　同上

玄通論　宋慧亮著

法華義疏　同上

維摩義疏　同上

泥洹義疏　同上

毗曇玄論　同上

法華義疏　宋法瑤著

涅槃義疏　同上

大品般若義疏　同上

勝鬘義疏　同上

勝鬘注五卷　宋道猷著　文煩不行後有道生弟子道慈者删爲二卷行世

大品般若疏　宋慧通著

勝鬘義疏　同上

雜心毗曇義上　同上

駮夷夏論　同上

顯證論　同上

見於高僧傳中之支那著述

七

法性論　同上
爻象記　同上
成實論大義疏八卷　魏曇度著盛傳北土
生死本無源論　齊道盛著
文殊問菩提經注　齊法㑺著
首楞嚴經注　同上
二諦論　齊智林著申明二諦義有三宗不同有致周顒書論此
毗曇雜心記　同上
十二門論注　同上
中論注　同上
勝鬘經注　齊法瑗著
徽密持經注　同上
七玄論　齊僧拔著
法華義疏三卷　齊慧基著製門訓義序三十三科并略申方便旨趣令通空有二言
遺敎經注　同上
淨名義疏　齊法安著

十地義疏　同上

僧傳五卷　同上

法事讚　梁智順著

受戒記　同上

弘法記　同上

涅槃義疏　梁寶亮著天監八年奉勅撰凡十餘萬言梁武帝親作序文見本傳

毗曇大義疏　梁慧集著集偏歷衆師融冶異說三藏方等並皆綜達廣訪大毗婆沙及雜心犍度等以相讐校故於毗曇一部擅步當時頗難堅疑並爲披釋著大義疏十餘萬言盛行於世

十誦義疏八卷　宋慧猷著卑摩羅叉弟子律部第一部著作也

誡衆論　宋僧璩著

勝鬘文旨　同上

僧尼要事兩卷　同上

決正四部毗尼論　宋道儼著精研四部融會衆家又以律部東傳梵漢異音文頗左右恐後人諮訪無所乃會其旨歸著此傳

律例七卷　齊超度著度著十誦及四分

十誦戒本及羯磨　齊法穎著

十誦義記八卷　齊智稱著

出三藏集記　卷　梁僧祐著　今存

法苑記　同上

世界記　同上今存在出三藏集中

釋迦譜　卷　同上

弘明集　卷　同上　今存

以上據梁慧皎高僧傳

內典博要三十卷　梁虞孝敬著附見僧迦婆羅傳

集錄　梁寶唱天監四年奉勅撰集鬼神禮儀等事近百卷

衆經要抄八十八卷　梁僧旻寶唱等天監七年奉勅撰

衆經義林八十卷　梁智藏寶唱等奉勅撰

大般涅槃經注七十二卷　梁僧朗寶唱等奉勅撰

法寶聯璧二百餘卷　梁簡文帝撰　別令寶唱緝比區別其類

續法輪論七十餘卷　梁寶唱奉勅撰自大敎東流道門俗士有敘佛理著作宏義並通鳩聚

法集一百三十卷　梁寶唱撰

華林佛殿經目四卷　梁寶唱奉勅撰初梁帝十四年勅僧紹撰未愜旨乃勅唱重撰

經律異相五十五卷　梁寶唱奉勅撰　今存

飯僧聖法五卷　梁寶唱奉勅撰

大品般若經注五十卷　梁武帝撰

名僧傳三十一卷　梁寶唱撰有序見本傳　天監九年至十三年

衆經錄　魏李廓撰見菩提流支傳據傳似是專敘菩提流支所釋

洛陽伽藍記五卷　魏楊衒之撰　見菩提流支傳　今存

菩薩藏衆經要　西魏曇顯等奉勅撰

釋律二十二大義幷疏五卷　陳法泰撰　眞諦弟子

眞諦翻譯歷　陳智敫撰始末指訂並卷部時節人世詳備

那連提黎耶舍本傳　隋彥琮撰見耶舍傳記耶舍四十餘年所遊五十餘國

大隋西國傳十篇　隋彥琮撰以下六種並見達摩笈多傳本傳一方物二時候三居處四國政五學敎六禮儀七飲食八服章九寶貨十蓋述達摩笈多所歷所說

旌異傳二十卷　隋侯白奉勅撰多敘感應卽事

通命論二卷　隋徐同卿撰引經史正文會通運命歸於因果意在顯發儒宗助宣佛敎

內外旁通比較數法一卷　隋翻經學士劉馮撰論籌算有序

衆經法式十卷　隨彥琮等開皇十五年奉勅撰

三寶錄十五卷　隋費長房撰今存瓦玉雜糅眞僞難分得在通行闕於甄異

辯教論　隋彥琮撰明道條妖妄者有二十五條

衆經目錄　卷　隋彥琮仁壽二年奉勅撰

沙門名義論別集五卷　隋彥琮撰

上林園梵文經目錄五卷　隋彥琮奉勅撰分爲經律論贊方字雜書七例

天竺記　隋彥琮裴矩奉勅撰

辯正論　隋彥琮撰今存論翻譯法式文見本傳主張敎授梵文

彥琮行記　隋行矩撰　彥琮兄子

集八卷　唐慧頤撰

襍心玄文三十卷　唐慧淨撰

俱舍文疏三十餘卷　同上遂使經部妙義接紐明時

金剛般若注　同上有褚亮序見本傳

大莊嚴論文疏三十卷　同上淨筆受斯論復爲作疏

法華經纘述十卷　同上

詩英華十卷　同上有劉孝孫序見本傳

會宗論三千頌　唐玄奘著梵文初那爛陀寺大德師子光等立中百論宗破瑜伽等義奘曰聖人作論終不相違但學者有向

背耳因造此論呂戒賢諸師咸稱善

制惡見論千六百頌　同上　梵文　駮順世外道說

三身論三百頌　同上　梵文　爲戒日王造

大唐西域記十二卷　同上　今存

涅槃集注　梁法朗著

諸經論疏襍集百餘卷　梁僧旻著

四聲指歸　同上

詩譜決疑　同上

成實義疏四十二卷　梁法雲著

諸經義疏　梁智藏著　大小品涅槃般若法華十地金光明成實百論阿毗曇心等

調氣論　魏曇鸞著

安樂集二卷　同上

涅槃義疏十卷　梁慧皎著

梵網經疏　同上

高僧傳十四卷　同上　今存

高僧傳十卷　裴子野著　見皎傳

維摩經注　梁道辯著

勝鬘經注　同上

金剛般若經注　同上

小乘義章六卷　同上

大乘義五十章　同上

湼槃義疏　梁僧遷著

大品般若疏　同上

成實論疏數十卷　陳洪偃著

成實玄義二十卷　陳寶瓊著

成實文疏十六卷　同上

湼槃經疏十七卷　同上

大品般若疏十三卷　同上　餘法華維摩經並有文疏

大乘義十卷　同上

集十卷　周亡名著　有至道論諄德論遣執論去是非論影喩論修空論不殺論等

論場三十卷　周僧琨著　搜括羣籍採摭賢聖所撰諸論集爲一部

湼槃經論　北齊僧範著　變疏引經製成爲論

大品經論　同上
地持經述　同上
華嚴十地地持維摩勝鬘諸經疏記　同上
成實論刪要兩卷幷注　北齊靈詢著
楞伽文疏　北齊法上著疏楞伽者始此
十地地持涅槃諸經文疏　同上
增一數法四十卷　同上
佛性論二卷　同上
大乘義章六卷　同上
散花論　北周慧善著善智度論每引小乘相證成義依文次第散釋精理
大集經疏　北周寶象著疏大集者始此
涅槃疏　同上
法華疏　同上
涅槃義疏十五卷　隋曇延著時諸英達僉議用比遠公所製而延尤過之
寶性論疏　同上
勝鬘經疏　同上

仁王經疏　同上

地持經疏五卷　隋慧遠著

十地論疏十卷　同上

華嚴經疏七卷　同上

涅槃經疏十卷　同上

維摩經疏　同上

勝鬘經疏　同上

大乘義章十四卷　同上今存　合二百四十九科分爲五聚謂敎法義法染淨雜也陳綜義差始近終遠佛法綱要盡於此焉

廣初章　鹿角章　隋法安著

十地疏四卷　隋靈裕著

地持疏二卷　維摩疏二卷　般若疏二卷　同上

華嚴疏及旨歸合九卷　同上

涅槃疏六卷　同上

大集疏八卷　同上

四分律疏五卷　同上

大乘義章四卷　同上
勝鬘央掘　壽觀　仁王毗尼毋往生論　遺敎諸經疏記　同上
成實論抄　毗曇抄　大智度論抄各五卷　同上
聖迹記二卷　同上
佛法東行記．衆經宗要．譯經體式．受菩薩戒法．幷戒本注華嚴等經論序．同上
大小乘同異論　同上
舍利目連傳　同上
御衆法　同上
安民論十卷　陶神論十卷　同上
勸信釋宗論　鷇卵成殺論　同上
字本七卷　同上
莊紀老綱式　經兆緯相錄　同上
醫決　符禁法文　斷水蟲序　同上
齊世三寶記　滅法記　光師弟子十德記　同上
集五十餘卷　同上
華嚴義疏　隋慧藏著

成實論疏四十卷　隋智脫著　江南成實並述義章不顧論文脫憤而著此

淨名疏十卷　同上

釋二乘名教四卷　同上

成論玄義十七卷　梁琰原著　隋智脫刪要

法華疏三卷　隋道莊著　直敍綱致不存文句

集數十卷　同上

續名僧傳　隋法論著　未就而卒

別集八卷　同上

十種大乘論　隋僧粲著　一通二平三逆四順五接六挫七迷八夢九相即十中道

十地論二卷　同上

攝大乘論疏六卷　隋靜嵩著　攝論疏始此

雜心論疏五卷　同上

九識三藏三聚戒二生死等玄義　同上

舍利佛阿毗曇疏十卷　隋淨願著　舍利疏始此　但未講已失落

攝大乘論疏　隋智凝著

迦延襍心論疏九卷　隋志念著

襍心論廣鈔九卷　同上

中論疏　隋智矩著

三論玄疏　唐吉藏著

大品言疏　智論玄疏　華嚴玄疏　維摩玄疏　同上

地論疏記　隋法棱著

華嚴十地維摩諸經疏　唐慧覺著

義章十三卷　同上

華嚴大品涅槃釋論四部義疏　唐智琚

三論疏　唐慧因

雜著四十餘卷　唐神迥著

俱舍論疏要删二十二卷　唐道岳著　要删眞諦本疏減三分之二

十八部論疏　同上　此論之疏似始此

法華疏五卷　唐神迥著

無性攝論疏　同上

佛地疏　般若疏　同上

攝論指歸等二十餘篇　唐法護著

見於高僧傳中之支那著述

䘵心玄章並抄八卷　唐道基著
大乘章抄八卷　同上
華嚴疏十卷　唐智正著
攝論中邊唯識思塵佛性無性諸論疏　唐僧辯著
攝論義疏八卷玄章五卷　唐法常著
涅槃維摩勝鬘諸經疏記　同上
雜心玄章抄疏　唐慧休
攝論疏　同上
涅槃義疏十三卷玄章三卷　唐靈潤著
攝論義疏十三卷玄章三卷　同上內容大略見本傳

大品義章　融心論　還源鏡　詳玄賦　北周慧命著
四十二字門二卷　隋慧思著
無諍行門二卷　同上
釋論玄隨自意安樂行次第禪要三智觀門各一卷　同上
法華疏止觀門脩禪法各數十卷　隋智顗　今存

以上義解

淨名疏三十七卷　同上

已是非論　隋曇遷

攝大乘論疏十卷　同上

楞伽起信唯識如實等疏　九識四明等章　華嚴明難品玄解總二十餘卷　同上 起信疏始此

頓教一乘二十卷　隋本濟著 因時判儀共遵流世

法華疏　隋灌頂(章安)

義記　同上

百識觀門十卷　唐道哲著

智照自體論六卷　同上

大乘聞思論　同上

淨土論二卷　唐道綽著

以上習禪

出要律儀十四卷　梁武帝撰

律疏六卷　道覆　時代待考　見慧光傳

四分律疏百二十紙　北齊惠光著 後代引之以爲義節

羯磨戒本要删　同上

玄宗論　大乘義律章　同上

仁王七誡　僧制十八條　同上

勝鬘遺敎溫室仁王般若注釋　同上

律鈔四卷　北齊曇隱著

律鈔兩卷　北齊洪理智首開爲四卷

十誦疏十卷　陳曇瑗著

戒本羯磨疏各二卷　同上

僧家書儀四卷　同上

別集八卷　同上

律義疏十二卷　隋智文著

羯磨疏四卷　菩薩戒疏二卷　同上

四分律疏十卷　隋法願著

是非鈔二卷　同上

律大本羯磨諸經疏三十六卷　隋道成著

大純鈔五卷　隋洪遵著

律藏五部區分鈔二十一卷　唐智首著

四分律疏十卷　唐法礪

羯磨疏三卷

佛教後代國王賞罰三寶法．安養蒼生論．三德論各一卷　唐玄琬

十誦私記十三卷　僧尼行事二卷　尼衆羯磨二卷　道俗菩薩戒義疏四卷　唐惠旻著

以上據唐道宣續高僧傳

大唐西域求法高僧傳　唐義淨

南海寄歸傳內法傳　同上

別說罪要行法　同上

受用三法水要法　同上

護命放生儀軌　同上

攝大乘論疏　唐道因著

維摩經疏　同上

示教指歸　唐滿月

佛法根本　同上專言密宗

窺基各疏　傳未舉名惟云造疏計可百本

法苑珠林一百篇　唐道世（玄惲）

善惡業報及信福論二十三卷　同上

大小乘禪門觀及大乘觀共十一卷　同上

受戒儀式禮佛儀式共六本　同上

四分律討要五卷　四分律尼鈔五卷　同上

金剛經集注三卷　同上

俱舍論疏　卷　唐普光圓暉略爲十卷

唯識疏鈔　卷　唐圓測

三論疏　唐元康按時治三論者希矣

三論玄樞二卷　同上

古今譯經圖紀四卷　唐靖邁　今存

決定相違不定量　唐新羅順璟璟在本國稍多著述亦有傳來中原者

慧沼　但言著諸疏義未舉書名

慈恩法師傳　唐慧立著　彥悰箋

成唯識論纂要　唐義忠

成唯識論鈔三十卷　同上

法華經鈔二十卷　同上

無垢稱經鈔二十卷　同上
百法論疏　同上
金剛三昧經疏五卷　唐新羅元曉
淨名經疏　武周神楷
禪林要鈔三十卷　唐會隱於一切經中略出精義玄文
武丘名僧苑一卷　武周僧瑗
郁子二卷文集三卷　同上
心要集　唐印宗著起梁至唐天下諸達者語言總錄
百家諸儒士三教文意　同上
唯識義例　唐宗哲按傳但言義例尋文似釋唯識也
瑜伽義門　唐德感按傳但言義門尋文似釋瑜伽也
華嚴金師子章　唐法藏餘著多未載
順了義論二卷　唐恆景
攝正法論七卷　同上
佛性論二卷　同上
毗盧遮那佛經疏七卷　唐一行

攝調伏藏六十卷　同上

釋氏系錄一卷　同上

開元大衍歷五十二卷　同上

大唐內典錄十卷　唐道宣著

開元釋教錄二卷　唐智昇著

續內典錄一卷　同上

續釋經圖紀一卷　同上

俱舍古疏頌節略　唐懷遠

俱舍金華鈔十卷　唐崇廙

俱舍略疏　唐圓暉

釋教廣品歷章三十卷　唐玄逸　按此佛典校勘學

對御論衡一本　唐道氤

大乘法寶五門名教一卷　同上

信法儀一卷　同上

唯識疏六卷　同上

法華經疏六卷　同上

御注金剛經疏六卷　同上玄宗注
仁王般若經疏三卷　唐良賁
念誦儀軌一卷　同上
承明殿講密嚴經對御記一卷　同上
華嚴經儀記十二卷　唐法詵
文殊師利菩薩佛刹莊嚴經疏　唐潛真
菩提心義一卷　發菩提心戒一卷　同上
三聚淨戒　十善法戒共一卷　同上
華嚴疏　卷　唐澄觀
華嚴後分（即普賢行願品）疏十卷　同上
了義一卷　心要一卷　同上
隨疏演義四十卷　同上當是華嚴疏
華嚴經綱要一卷　同上
法界玄鑑一卷　三聖圓融觀一卷　同上
華嚴法華楞伽中觀論等別行小疏鈔共三十卷　同上
大乘理趣六波羅密經疏　唐良秀

大藏音義一百卷　唐慧琳　起貞元四年迄元和五年方成

楞嚴經疏三卷　唐惟慤　疏楞嚴者始此眞僞未定

楞嚴經資中疏　唐宏沇

決疑論七卷　唐懷感　善導後輩提倡念佛

華嚴四種教　唐慧苑　依寶性論判立

新譯華嚴音釋　同上

法華釋籤十卷　唐湛然

法華疏記十卷　同上

止觀輔行傳宏訣十卷　同上

法華三昧補助儀一卷　同上

方等懺補闕儀二卷　同上

維摩經略疏十卷　維摩疏記三卷　同上

重治定涅槃疏十五卷　同上

金錍論一卷　同上

止觀義例止觀大意止觀文句十妙不二門　同上

涅槃經解述　唐元浩

華嚴經妙義　唐智藏
法華玄箋十卷　唐神清
釋氏年誌三十卷　同上
新律疏要訣十卷　同上亦名清鈔
二衆初學儀一卷　同上
有宗七十五法疏一卷　同上亦名法源記
識心論　澄觀論　同上
俱舍義鈔　同上
北山參玄語錄　同上
華嚴疏鈔　唐宗密
圓覺涅槃金剛起信唯識盂蘭盆法界觀行願經等疏鈔　同上
法義類例禮懺修證圖傳纂略　同上
禪藏　同上集諸宗禪言
四分律疏五卷　鈔懸談二卷　同上
百法論疏幷鈔　唐乘恩祖慈恩而宗濟府
如來藏會釋疏二卷　唐知玄

大無量壽經疏二卷　同上

勝鬘經疏四卷　同上

法鑑四卷　法燈二卷　法苑十卷　唐僧徹　徹知玄弟子此三書分釋上三疏

般若疏義　心經疏義　金剛經疏義　唐知玄

集二十卷　禮懺文六卷　同上

玄中鈔數卷　唐希圓

俱舍論金華鈔二十卷　唐玄約

以上義解

法門文記　唐道宣

律鈔

四分律鈔三卷

發正義記十卷

明兩宗之躋駮發五部之鈐鍵此文見曇一傳所謂發正記者不審爲道宣著抑曇一著

廣宏明集　卷　同上　今存

續高僧傳　卷　同上　今存

三寶錄　羯磨戒疏　行事鈔　義鈔　同上

共二百二十餘卷

付囑儀十卷　同上

祇洹圖經二卷　同上

四分律記　唐懷素 彈糺古疏十有六失新義半千百餘

俱舍論疏十五卷　同上

遺教經疏二卷鈔三卷新疏拾遺鈔二十卷　同上

四分僧尼羯磨文二卷　四分僧尼戒本各一卷　同上

輕重訣　唐靈萼 釋律

四分輔篇記十卷　唐玄儼

羯磨述章三篇　同上

金剛義疏七卷　同上

發正義記十卷　唐曇一

五分律疏十卷　唐愛同

古今決十卷　唐朗然 解釋道宣四分律鈔

律鈔搜玄錄二十卷　唐志鴻

律宗引源二十一卷　唐靈澈

順正記十卷　分輕重物儀　唐省躬　律部

法華經解疏記十卷　唐眞乘

新僉定律疏十卷　唐圓照進呈表文敍律宗沿革最詳

利涉法師傳十卷　同上

集景雲先天開元天寶誥制三卷　同上

肅宗代宗制旨碑表集共二卷　同上

不空三藏碑表集七卷　同上

隋傳法高僧信行禪師碑表集三卷　同上

兩寺上座乘如集三卷　同上

僉定律疏一行制表集三卷　同上

般若三藏續古今翻譯圖紀三卷　同上

大乘理趣六波羅蜜多經音義二卷　同上

三教法主存沒年代本記三卷　同上

翻經大德光宅寺利言集二卷　同上

再修釋迦佛法王本紀一卷　同上

佛成正覺記一卷　同上

辯瑞相記一卷　同上

五部律翻譯年代傳授人記一卷　同上

莊嚴寺佛牙寶塔記三卷　無憂王寺佛骨塔記三卷　同上

傳法三學大德碑記集十五卷　同上

貞元釋教錄三卷　同上

律記二十卷　唐清徹

以上明律

十門辯惑論三卷　唐復禮　答權無二釋典稽疑

慈恩法師行傳　唐慧立

因明圖注　呂才

甄正論一卷　唐玄嶷　訶道敎

立法幢論一卷　唐利涉

顯正記十卷　唐玄暢

科六帖名義圖三卷　三寶五運三卷　同上

以上護法

以上據宋贊寧高僧傳三集

見於高僧傳中之支那著述

三三

離識觀　顏延之著

論檢　同上

達性論　何承天著　與慧琳白黑論相比

無三世論　宋任函著　僧含作神不滅抗

三宗論　齊周顒

法華注　劉虬　見續傳卷十一法安傳

附錄一

大乘起信論考證序

大乘起信論。舊題馬鳴菩薩造。眞諦三藏譯。千餘年來。殆相習無異議。雖然。以歷史上佛教教理發達之順序言之。馬鳴時代似不應有如起信論一派之圓教的學說。以中國佛教思想派別言之。起信論學說。與專家弘攝大乘論之眞諦。亦多不相容處。故我國近年善言佛典者對於本論已不免有幾分懷疑。如歐陽竟無居士即其一人也。然懷疑論實不自今日始。隋法經等所著衆經目錄初著錄此論。而以入諸疑惑部。其文曰

『大乘起信論一卷人云眞諦譯勘眞諦錄無此論故入疑。』

又唐均正著四論玄義（注一）云。

『起信論一卷人云馬鳴菩薩造。北地諸論師云。「非馬鳴造論。昔日地論師造論借菩薩名目之。」尋覓翻經論目錄中無有也。』

法經衆經目錄之成書。在眞諦沒後二十五年。而云『勘眞諦錄無此論。』均正年代雖不可考。但既爲唐人。與斯論出世時相去必不遠。顧乃目此爲『昔日地論師所造。』是則馬鳴之著。眞諦之譯。在隋唐間本已成疑問。特後世學者不之察耳。距今十五六年前日本學界對於此書始發生問題。初則對於馬鳴著述懷疑。繼則對於眞諦翻譯懷疑。終乃決定其爲支那撰述而非印度撰述。且作者所屬之派別所生之年代亦大略推見焉。持此

（注一）此書中土佚。日本續藏經第七十四套收有殘本。

說者有三人。曰松本文三郎。曰望月信亨。曰村上專精。其論文及著書爲吾所見者如下。

松本著起信論考（明治四三年五月）

起信論後語（明治四三年七月）

起信論之譯者與其注疏（明治四三年九月並見佛典之研究）

望月著起信論之作者（明治三五年一月宗粹雜誌）

疑似經與僞妄經（大正六年八月佛書研究雜誌）

關於大乘起信論作者之擬議（大正七年一月宗教界雜誌）

大乘起信論支那撰述考（大正八年一月佛書研究雜誌）

三度論起信論爲支那撰述（大正九年八月哲學雜誌）

起信論學說與占察經之類同及關係（大正九年十一月佛教學雜誌）

大乘起信論之研究（大正十一年三月）（單行本）

村上著對於大乘起信論之史的考察（大正八年十月哲學雜誌）

四度論大乘起信之著作問題（大正九年九月哲學雜誌）

大乘論（大正十年二月哲學雜誌）

起信論與華嚴經（大正十年十一月哲學雜誌）

此問題以望月氏爲中心而松本氏導之於前村上氏以斯界老宿翼之於後。當大正八九兩年中（即民國八九年）日本論壇。爲此問題起一激戰其持反對論者爲常盤大定及羽溪了諦亦彼都著名學者。吾儕以史家之眼忠實評騭之。則望月派所持。蓋信讞也。望月所著大乘起信論之研究爲五十萬言以上之一巨帙此外松本村上二氏所論述。又不下十萬言。吾既搜而徧讀之。輒擷其精要。且間附己見。助彼張目。以成斯論。吾屬稿之際。有兩種感想浮於吾腦焉。

其一。起信論在思想界價值之偉大。稍治佛學者皆能知之。無待吾詞費。松本氏之言曰『昔叔本華極口讚美印度奧義書。謂爲「最高人智之所產出」（注二）以起信論校彼。有過之無不及也。』斯言雖或溢美。要亦近眞。本論自出世以來。注釋者百七十餘家。爲書不下千卷。（注三）其影響於我國民思想之深厚。可以概見。朝鮮日本千年誦習無論矣。逮近世而英譯且有三本。巍然成爲世界學術界之一重鎭。前此共指爲二千年前印度大哲所撰述。一旦忽證明其出於我先民之手。吾之歡喜踴躍。乃不可言喻。本論是否脗合佛意。且勿論。是否能闡宇宙唯一的眞理。更勿論。要之在各派佛學中。能擷其菁英而調和之。以完成佛教教理最高的發展。在過去全人類之宗教及哲學學說中。確能自出一頭地。有其顚撲不破之壁壘。此萬人所同認也。而此業乃吾先民之所自出。得此。足以爲我思想界無限增重。而隋唐之佛學。宋元明之理學。其淵源所自。皆歷歷可尋。質而言之。此爲印度文明與中國文明結婚所產之胤嗣。而以克岐克嶷顯於世界。吾輩生千年後。覩此巨大崇貴之遺產復歸本宗。不能不感激涕流也。

（注二）叔本華爲十九世紀上半之德國大哲。奧義書印度古代哲學之總匯也。華譯爲「優波尼煞曇」

（注三）望月著大乘起信論之研究書中。內有一部分題曰大乘起信論注釋書解題。千餘年來中國日本關於本論之著述。存者佚者皆略具矣。

其二。此一段公案。爲佛學界空前之大發明。自無待言。然檢諸家之論據。其取材不越全藏。則固吾國人所盡人能讀者也。而發明之業。乃讓諸彼都人士。是知治學須有方法。不然則熟視無睹。近數年來國中談佛者熾然矣。其純出於迷信的動機者且勿論。即實心求法者。亦大率東聽一經。西繙一論。絕少留意於別派之條貫。

往往糅矛盾之說於一爐，以自招思想之混亂。吾以爲今後而欲昌明佛法者，其第一步當自歷史的研究始。印度有印度之佛學，中國有中國之佛學。其所宗嚮雖一，其所趣發各殊。謂宜分別部居，遡源竟流，觀夫同一教義中而各派因時因地應機蛻變之跡爲何如。其有矯誣附益者，則芟汰之。夫如是，以言修持耶，則能壹其宗尚；以言誦習耶，則能馭繁賾。要之七千卷之大藏，非大加一番整理，不能發其光明，而整理之功，非用近世科學方法不可。日本近十年來從事於此者漸有人矣，而我國則闃乎其未之聞。吾檢此起信論一段公案，未嘗不驚歎彼都學者用力之勤，而深覺此種方法若能應用之以整理全藏，則其中可以新發見之殖民地蓋不知凡幾。此實全世界學術上一大業，而我國人所不容多讓者也。

吾草創本文，其初不過欲輯譯日本學者所說，介紹於我學界而已。既而參考各書，亦往往別有所發明，且日人著作，其繁簡詳略之處，多不適於吾國人之檢閱，乃全部重行組織如左。雖名迻譯，實不異新構矣。爲行文便利起見，故篇中所述，孰爲望月說，孰爲其他兩家說，孰爲我所新附，不復一一標舉。十一年九月二十六日作始，十月七日成，此十二日中盡廢百事矣。

附錄二

佛教心理學淺測（從學理上解釋「五蘊皆空」義）

六月三日爲心理學會講演

一

諸君。我對於心理學和佛教都沒有深造研究。今日拈出這一個題目在此講演。實在大膽。好在本會是討論學問機關。雖然見解沒有成熟。也不妨提出來作共同討論的資料。我確信研究佛學應該從經典中所說心理學入手。我確信研究心理學。應該以佛教教理爲重要研究品。但我先要聲明。我不過正在開始研究中。我的工作。百分未得一二。我雖自信我的研究途徑不錯。我不敢說我的研究結果是對。今天講演是想把個人很幼稚的意見來請教諸君和海內佛學大家。所以標題叫做「淺測」

二

倘若有人問佛教經典全藏八千卷。能用一句話包括他嗎。我便一點不遲疑答道。『無我我所。』再省略也可以僅答兩個字。『無我。』因爲「我」既無。「我所」不消說也無了。怎樣纔能理會得這無我境界呢。我們爲措詞便利起見。可以說有兩條路。一是證。二是學。「證」是純用直觀。擺落言詮。炯然見出無我的圓相。若攙入絲毫理智作用便不對了「學」是從學理上說明「我」之所以無用理智去破除不正當的理智學佛的最後成就自然在「證」所以「有學」這個名詞在佛門中專指未得上乘果的人而言但佛教並不排斥學若果排斥學那麼何必說法呢我們從「證」的方面看佛教自然是超科學的若從「學」的方面看用科學方法研究佛理並無過咎

佛家所說的叫做「法」倘若有人問我法是什麼我便一點不遲疑答道『就是心理學』不信試看小乘俱舍家說的七十五法大乘瑜伽家說的百法除却說明心理現象外更有何話試看所謂五蘊所謂十二因緣所謂十二處十八界所謂八識那一門子不是心理學又如四聖諦八正道等種種法門所說修養工夫也不外根據心理學上正當見解把意識結習層層剝落嚴格的說現代歐美所謂心理學和佛教所講心識之相範圍廣狹既不同剖析精粗亦迥別當然不能混爲一談但就學問大概的分類說「心識之相」的學問認爲心理學並無過咎至於最高的「證」原是超心理學的那是學問範圍以外的事又當別論了

三

佛教爲什麼如此注重心理學呢因爲把心理狀態研究得眞確便可以證明「無我」的道理因爲一般人所謂我不過把「意識相續集起的統一狀態」認爲實體跟着妄執這實體便是「我」然而按諸事實確非如此狀態是變遷無常的東西如何能認爲有體唯識頌說

『由假說我法有種種相轉彼依識所變』

意思說是『因爲說話方便起見。假立「我」和「法」的名稱。於是在這假名裏頭有種種流轉狀態之可言。其實在這假名和他所屬的狀態。不過依憑「識」那樣東西變現出來。』簡單說除「識」之外無「我」體。然而「識」也不過一種狀態。幾千卷佛典所發明的不外此理。我們爲研究便利起見。先將「五蘊皆空」的道理研究清楚。其餘便可迎刃而解。

五蘊或譯五陰。或譯五聚。「蘊」是什麼意思呢。大乘五蘊論說。

『以積聚義說名爲蘊。謂世相續品類趣處差別色等總略攝故。』

什麼是「世相續」。謂時間的隨生隨滅繼續不斷。什麼是「品類趣處差別」。謂把意識的表象分類。佛家以爲從心理過程上觀察。有種種觀念在時間上相續繼起。而且內容像很複雜很混亂。但可以用論理的方法分爲五類。每類都是狀態和狀態聯構而成。一聚一聚的。所以叫做聚又叫做蘊。

五蘊是色受想行識。佛家以爲心理的表象。這五種包括無遺。這五種的詳細解釋。很要費些話。今爲講演便利起見。姑用現代普通語先略示他的概念。

色——有客觀性的事物

受——感覺

想——記憶

行——作意及行爲

識——心理活動之統一狀態

我這種訓釋是很粗糙的。不見得便和五蘊內容脗合。詳細剖析。當待下文。但依此觀念。用西洋哲學家用語對照。可以勉强說。前一蘊是物。後四蘊是心。大毗婆沙論（卷十五）說。

『總立二分。謂色非色。色卽色蘊。非色卽是受等四蘊。……色法麤顯。卽說爲色。非色微隱。由名顯故。說之爲名』

色蘊是客觀性較强的現象。有實形可指或實象可擬。故屬於西洋哲家所謂物的方面。受等四蘊。都是內界心理活動現象。像是離外緣而獨立專靠名詞來表他性質——例如什麼是『記憶』。沒有法子把他的形或象呈獻出來。不過我們認識「記憶」。這個名詞所含的意義。便也認識「記憶」的性質這類心理現象「微隱而由名顯」。佛家把他和色對待叫做非色。亦叫做名。卽是西洋哲家所謂心的方面。據這種分析則是色蘊與後四蘊對峙其類系如下。

色——物
受　想　行　識——非色——名——心

五蘊還有第二種分類法。佛家因爲要破除「我」和「我所」。所以說五蘊。說五蘊何以能破除我我所。因爲常人所認爲我我所者。不出五蘊之外。大乘阿毗達磨雜論（卷一）說。

『問．何因蘊唯有五．答．爲顯五種我事．故謂爲顯身具我事（色）受用我事（受）言說我事（想）造作一切法非法我事（行）彼所依止我自體事（識）於此五中前四是我所事第五卽我相事……所以者何世間有情多於識蘊計執爲我餘蘊計執我所』

這段話怎麼講呢．據一般人的見地．眼耳鼻舌是我的色聲香味是我接觸的．自然色是我所有的色．乃至我感覺故受是我所有．我記憶故想是我所有．我作意或行爲故行是我所有．這四種雖然或屬物理現象或屬心理現象．但都是由我觀察他認識他．所以都說是我所．然則能觀察能認識的我是什麼呢．一般人以爲「心理活動統一之狀態」的識．卽是我．笛卡兒所謂『我思故我存』就是這種見解．依這樣分析．則是識蘊與前四蘊對峙．其類系如下．

色｜受｜想｜行 ——所認識的——我所

識——能認識的——我

佛家以爲這五種都是心理過程．一樣無常不實．所以用平等觀建設五蘊皆空的理論．

我們要證明五蘊皆空說是否合於眞理．非先將五蘊的內容性質分析研究不可．內中受想行三蘊．就常識的判斷．人人都共知爲心理過程．沒有多大問題．獨有那客觀存在的色蘊和主觀所依的識蘊．一般人的常識都認為獨立存在。何以佛家也把他和那三蘊平列一律說是無常說是空。明白這道理。可以知道佛法的特色了。
今引據經論。順序說明。

四

1 色蘊。

大乘五蘊論（以下省稱五蘊論）說。
『云何色蘊。謂四大種及四大種所造色。……』
大乘阿毗達磨雜集論（以下省稱雜集論）（卷一）說。
『問色蘊何相。答變現相是色相。此有二種。一觸對變壞。二方所示現。觸對變壞者。謂由手足乃至蚊蛇所觸對時卽便變壞。方所示現者。謂由方所可相示現如此如此色。如此如此色。或由定心或由不定尋思相應種種構畫。……如此如此色者。謂形顯差別種種構畫者。謂如相而想。』
五事毗婆沙論（以下省稱五事論）（卷上）說。
『問依何義故說之為色。答漸次積集。漸次散壞。種種生長。會遇怨親。能壞能成。皆是色義。佛說變壞故名為色。變壞卽是可惱壞義。』
順正理論（卷三）說。
『諸所有色若過去若未來若現在若內若外若麤若細若勝若劣若遠若近。如是一切略為一聚。說名色蘊』

我們試綜合這幾段話研究佛家所謂色所謂『四大種』者指堅濕煖動四種性——世法呼爲地水火風之「四大」」所謂『所造色』者指由這四種性構造出來形形色色的事物內中大別爲兩樣性質一有形可指的叫做『觸對變壞』如山川草木眼耳口鼻筆墨棹椅等皆是觸對變壞怎麼講呢或爲手等所能觸或爲眼等所能對但用人力或他種力加到他身上他會變樣子或破壞二有象可尋的叫做『方所示現』如長短方圓青黃赤白甜酸苦辣等以及其他許多抽象觀念皆是方所示現怎麼講呢我們將各種印象（相）各各給他安上一個名如何便是方如何便是圓……方圓等名是我構畫出來碰着對象合於我構畫的方便認爲方合於我構畫的圓便認爲圓這便是『如相而想』

這種種色依物質運動的理法碰着有和合性的便相吸碰着有牴逆性的便相拒相吸便成相拒便壞所以說『會遇怨或親便能壞或能成』既已怨親交錯成壞迴環所以凡物質（色）都是『漸次積集漸次散壞』不獨觸對變壞的色爲然卽方所示現的色亦然所以說是變現或變壞或惱壞惱是刺戟的意思壞是變化的意思

如是種種色不問爲過去現在未來內界外界所變現不問變現出來的麤細勝劣遠近我們用邏輯的分類認他同一性質統爲一「聚」叫做色蘊爲什麼把他們統爲一聚呢集異門足論（卷十一）說

『問云何一切略爲一聚答推度思惟稱量觀察集爲一聚是名爲如是一切略爲一聚說名色蘊』

因爲我們用同樣的推度思惟稱量觀察的方式認識所謂「色」這類東西所以說是一聚其餘那四聚的名

稱也因此而立。

佛家又將色相分爲三大類。大毗婆沙論（卷十六）說。

『色相有三種。可見有對。不可見有對。不可見無對。』

這三色相怎麼講呢。例如我們環境所見的一切實物。是可見有對的色相。例如別人的性格或思想。是不可見有對的色相。例如宇宙普遍性。是不可見無對的色相。常識上認爲性格懸殊的三種現象。佛家用邏輯的方式。都把他們編歸一聚。通叫做色。所以佛家所謂色。固然一切物質都包含在內。但我們不能拿物質兩個字翻譯色字。因爲範圍廣狹不同。

『不可見有對』『不可見無對』這兩種色。不能離開我們心理而獨自存在。這是人人易懂的。至於『可見有對』的色——卽通常所謂物質如草木棹椅等。分明是有客觀的獨立存在。如何能說他無實體呢。成實論（卷三）爲辨明此義。設問道。

『問曰四大是實有。所以者何。阿毗曇中說。『堅相是地種。濕相是水種。熱相是火種。動相是風種。』是故四大是實有。』

這話是根據佛說。設難說客觀物質實有——起碼總實有地水火風四件東西。既有這四件。自然這四件所造色也是實有。佛家怎樣反駁呢。俱舍論（卷一）說。

『地謂顯形色處爲體。隨世間想假立此名。由世間相示地者。以顯形色而相示故。水火亦然。』

意思說。地水火風這些名字。不過我們爲整理觀念起見。將堅濕熱動四種屬性權爲分類。除却堅相。我們便埋會不出什麼叫地除却濕等相我們便理會不出什麼叫水等所以說『四大是假名』說。外人又反駁道『那麼最少堅等四相是實有』佛家再反駁道『不然因爲相本來無定的』成實論(卷三)

『堅法尙無況假名地若泥團是堅泥團卽爲軟故知無定堅相又以少因緣故生堅心若微塵疏合名爲軟密合爲堅是故無定』

意思說堅和軟不過主觀的評價若離却主觀的狀態說是客觀性有堅軟的獨立存在是不合理的佛典中討論這問題的話很多限於時間恕不詳細徵引剖析了要之佛家所謂色蘊離不開心理的經驗經驗集積的表象名之爲色成實論(卷一)說

『如人病愈自知得離如水相冷飲者乃知……如地堅相堅何等相不得語答觸乃可知如生盲人不可語以青黃赤白』

可見離却主觀的經驗那客觀是什麼東西我們便不能想像嚴密勘下去也可以說色蘊是受想行識種種經歷現出來譬如我們說屋外那棵是柳樹怎麼知道有柳樹呢那認識活動過程第一步先感覺眼前有一棵高大青綠的東西便是受其次聯想起我過去所知道的如何如何便是樹如何如何便是柳樹把這些影像都再現出來便是想其次將這些影像和眼前所見這樣東西比較看對不對便是行最後了然認得他是柳樹便是識凡我們認爲外界的「色」非經過這種種程序後不能成立所以「色」是我們心理的表象我解釋色蘊暫此爲止

五

2受想行三蘊

這三蘊是講心理的分析我們爲時間所限只能略述他的定義五蘊論說

『云何受蘊謂三領納一苦二樂三不苦不樂』

『云何想蘊謂於境界取種種相』

『云何行蘊謂除受想諸餘心法及心不相應行』

雜集論（卷一）說

『問受蘊何相答領納是受相謂由受故領納種種業所得異熟……』

『問想蘊何相答構了是想相由此想故構畫種種諸法像類隨所見聞覺知之義起諸言說……』

『問行蘊何相答造作相是行相由此行故令心造作謂於善惡無記品中驅役心故又於種種苦樂等位驅役心故』

辨中邊論（卷上）說

『於塵受者謂領塵苦等說名受陰』

『分別者謂選擇塵差別是名想陰』

『引行者能令心捨此取彼謂欲思惟作意等名爲行陰』

「受」訓領納。即是感覺。一種現象到跟前。我感受他或覺苦或覺樂或覺不苦不樂。

「想」於境界取種種相。阿毗曇雜心論說『想蘊於境界能取像貌』墨子經上篇說。『知者以其知過物而能貌之』即是此義。我們遇見一種現象像用照相鏡一般把他影照過來。形成所謂記憶。做「諸言說」的資糧。便是想。

「行」是造作。除受想兩項外。其餘一切心理活動。都歸入這一蘊中。他的特色。在『能令心趣此舍彼』。今欲明行蘊的內容。不能不將佛家所謂五位諸法先說一說。

佛家將一切法分爲五位。一色法。二心王法。三心所法。四不相應行法。五無爲法。五法的分類。是各家所同的。位次先後及每位的數目。各有出入。例如俱舍家只講七十五法。唯識家講百法。五位中除無爲法靠證不靠學外。其餘四位。統名有爲法。都屬心理學範圍。色法指有客觀性的事物之相。心王法指心意識的本相。心所法舉全文應云心所有法。亦名心數法。西洋學者所說心理現象。正屬此類。名目如受想觸欲念作意貪瞋癡信勤慚愧等類。皆是。不相應法舉全文應云心不相應行法。心不相應行怎麼講。五蘊論說。謂『依色心心法分位。但假建立。不可施設』。用現在話講。可以說是。不能歸入色法心法心所法三類的。叫做不相應法。名目如得。非得。生。老等類。如名句。文等類。今將諸法分配五蘊。列一表。（左表依小乘家。俱舍論的法數。製出。其大乘家五蘊論。瑜伽師地論等所講百法。有些出入。但心所法及不相應法分配受想行三蘊大致相同。）

一、色法	五根	色蘊
	五境	

五位
- （十一）—無表色—
- 二、心王（一）—識蘊
- 三、心所有法（四十六）
  - 大地法
    - 受—受蘊
    - 想—想蘊
    - 思觸欲慧念作意勝解三摩地
  - 大善地法信勤捨慚愧無貪無瞋不害輕安不放逸
  - 大煩惱地法—癡放逸懈怠不信惛沈掉舉
  - 大不善地法—無慚無愧
  - 小煩惱地法—忿覆慳嫉惱害恨諂誑憍
  - 不定地法—悔眠尋伺貪瞋慢疑
  - （以上）—行蘊
- 四、不相應法（十四）
  - 得非得同分無想果無想定滅盡定命根
  - 生相住相異相滅相名身句身文身
- 五、無爲法（三）—擇滅無爲非擇滅無爲虛空無爲—無爲法

識蘊、受蘊、想蘊、行蘊—五蘊（有爲法）

看這表可以見出行蘊內容如何複雜了。大抵佛家對於心理分析異常努力。愈析愈精。釋迦牟尼時代。雖僅分受想行三大聚「行」的方面已經錯雜舉出許多屬性。後來學者將這些話整理一番。又加以剖析增補。大類

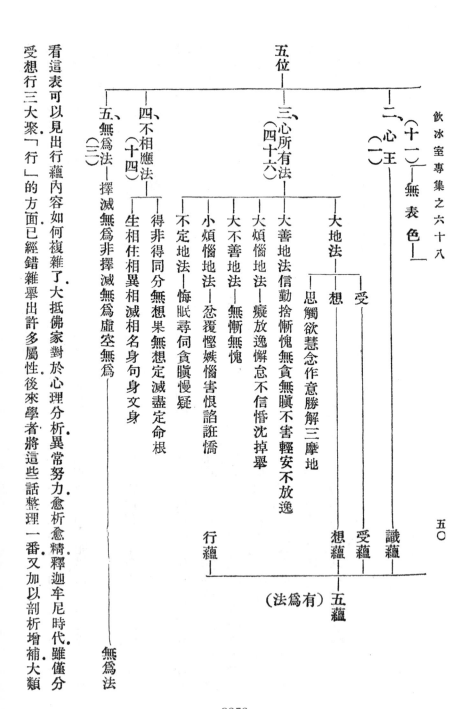

中分小類小類中又分小類遂把「行相」研究得如此綿密我的學力還𠄎不上解釋他而且時間亦不許姑說到此處爲止但我敢說一句話他們的分析是極科學的若就心理構造機能那方面說他們所研究自然比不上西洋人若論內省的觀察之深刻論理上施設之精密恐怕現代西洋心理學大家還要讓幾步哩

六

3 識蘊

「識」是最難了解的東西若了解得這個全盤佛法也都了解了我萬不敢說我已經了解不過依據所讀過的經典熱心研究能了有說錯的盼望諸君切實指教

「識」是什麼五蘊論說

『云何識蘊謂於所緣境了別爲性亦名心意由採集故意所攝故』

雜集論(卷一)說

『問識蘊何相答了別相是識相由此識故了別色聲香味觸法等種種境界』

我們試下個最簡明的解釋『識就是能認識的自體相』前表所列色法心所法不相應法乃至無爲法都是所認識的識卽心法亦稱心王法是能認識的

初期佛教但說六識後來分析愈加精密纔說有第七的末那識和第八的阿賴耶識今且先講六識

六識是眼識耳識鼻識舌識身識意識就中眼耳鼻舌身識亦名前五識意識亦名第六識合這六種亦名前六

識。前六識的通性如何呢。順正理論（卷三）說。

『識謂了別者是唯總取境界相義。各各總取彼境相。各各了別。謂彼眼識雖有色等（按此色字是色聲香味之色非色蘊之色）多境現前然唯取色。不取聲等。唯取青等。……如彼眼識惟取總相。如是餘識隨應當知。』

讀這段話。可以懂「了別」兩字意義。了是了解。別是分別。許多現象在前。眼識唯認識顏色。不管聲香味等。許多顏色在前。眼識當其認識青色時。不管黃赤白等。認識顏色是了解。把顏色提出來不與聲香味等相混是分別。認識青色是了解。把青色提出來不與黃赤白等相混是分別。所以說識的功能在了別。眼識如此。耳鼻舌身識同爲前五識。可以類推。

第六的意識要稍加說明。前五識以可見有對的色爲對象。意識以不可見有對及不可見無對的色爲對象。例如釋迦牟尼何樣的人格。極樂世界何樣的內容。這不是眼看得見手摸得着的。便屬於第六意識的範圍。

識是怎麼發生呢。佛典有一句最通行的話。

『眼色爲緣。生於眼識。』

這句話幾乎無論那部經那部論都有。眞算得佛家基本的理論。意思說是『眼睛與外界的顏色相緣。纔能發生。所謂眼識者。』省略說便是「根塵生識。」（眼耳鼻舌身意名六根色聲香味觸法名六塵）這句話怎麼講呢。順正理論（卷十）說。

『眼色識三俱起時。眼不待二。色亦如是。識生必託所依所緣。故眼識生。故眼識生要待餘二。……然彼所依復有二種。一是和合所依。謂識。二是相離所依。謂眼。或識是彼親密所依。眼根是彼繫屬所依。所緣卽是彼所取境。故彼生時必待三法。眼及色爲緣生於眼識者。謂眼與色和合爲緣生於眼識……』

說眼根我們或者可以想像他獨立存在。說色塵我們或者可以想像他獨立存在。至於能了別顏色的眼識。一定要面上的眼睛和外界的顏色起了交涉時纔能發生。但了別顏色的並不是面上眼睛乃是眼睛的識。譬如瞎子或睡覺的人或初死的人。眼睛雖然如故。却不能了別顏色。因爲他沒有了眼識。耳鼻舌身識可以類推。所以說『識從三和合生。』前五識的性質大略如是。

意識是什麼。用現在的話講。可以說意識是心理活動的統一態。一方面「無對色」專靠意識了別。他是意識特別的任務。一方面前五識所了別的「有對色」也靠意識來整理他。保持他。是意識總攬的任務。初期佛法僅提綱領。所以汎言意識。後來把意識內容愈剖析愈精細。成實論(卷五)說。

『心意識體一而異名。若法能緣。是名爲心。』

順正理論(卷十一)說。

『心意識三。體雖是一。而訓詞等義類有異。謂集起故名心。思量故名意。了別故名識。』

順正是小乘著作。雖未立六七八識等名目。其義實與後來大乘唯識家相通。集起的心卽第八識。思量的意卽第七識。了別的識卽第六識。

爲甚麼要立出這許多異名。有這許多分析呢。大智度論(卷三十六)說。

『心有二種。一者念念生滅心。二者次第相續心。』

又說。

『前意已滅。云何能生後識。答曰。意有二種。一者念念滅。二者心次第相續。』

當時未將識分析立名。所以或名爲意。或名爲心。其實所指只是一物。我們的心意識。有隨滅和相續兩種狀態。是確的。試稍加內省工夫。自然察覺。這兩種狀態。本來是一件東西的兩面。但據粗心或幼稚的哲學家看來。那「念念生滅心」刹那不停新陳代謝。容易看出他無常不實。所以公認他是心理上所研究的對象。會給他「意識之流」或其他名目。至於「次第相續心」他遞嬗的變化很微細。不易察見。表面上像是常住的。而且他又能貯藏過去的經驗。令他再現。很像總持我身心的一個主宰。像是能有一切能知一切的主人翁。所以一般人的常識。乃至一部分哲學家。多半起「我思故我存」等妄見。認這個爲「自我」。據佛法看來。其實不過五蘊中之一蘊。顯揚聖敎論(卷一)引佛說。出解深密經

『阿陀那識甚深細。一切種子如瀑流。我於凡愚不開演。恐彼分別執爲我。』

阿陀那識即阿賴耶識。亦名第八識。他是次第相續心的集合體。能將刹那生滅心所積經驗。執持保藏。因爲執藏且相續。故常人把他構成自我的觀念。其實他與前六識相依相緣。並不能單獨存在。所以佛家將他和諸識通爲一聚。名爲識蘊。

若要了達識相。非把唯識瑜伽諸論眞眞讀通不可。我既沒有這種學力。只能粗述大概。說識蘊的話止於此。

七

佛說五蘊．不外破除我相．因爲常人都妄執五蘊爲我．成實論（卷十）說．

『韋陀中說．「冥初時大丈夫神色如日光．若人知此能度生死．更無餘道．小人則小．大人則大．住身窟中．有坐禪人得光明相．見身中神如淨珠中縷．」如是等人計色爲我．麤思惟者．說受是我．以木石等中無受故．不知受卽是我．中思惟者說想是我．以苦樂雖過猶有想我心故．細思惟者說行爲我．……深思惟者說識爲我．是思雖過故猶有識我心故．』

色受想行識本是心理活動過程由粗入細的五種記號．常人不察．往往誤認他全部或一部是我．最幼稚的思想．以爲軀殼中住有個靈魂．如韋陀所說『身中神如淨珠中縷．』數論派所謂「神我」．正指這種境界．中國方士講的什麼「元神出竅．」基督教講的什麼「聖靈復活．」都屬此類．其實他們的「身中神．」就佛法看來．不過「法處所攝之無表色．」不過五蘊中之一種事實．認這種色相爲我．可笑可憐已極．進一步的稍爲用些內省工夫．認心理過程中之「受想行」爲我．最高的認「識」爲我．所謂「我思故我存」一類見解．內中尤以認「識」爲我者最多．如前所引雜集論所說『世間有情多於識蘊計執爲我．餘蘊計執我所．』就佛法看來．他們指爲觀察對象之「第一我．」（阿賴耶識）與他們認作能觀察的主體之「第二我．」（末那識）不過時間上差別之同質的精神作用．一經徹底研究．則知一切自我活動．皆『唯識所變』而已．成實論（卷十）說．

『五陰中我心名爲「身見．」實無我故．說緣五陰．五陰名身．於中生見．名爲身見．於無我中而取我相．故名爲見．』

「身見」兩字說得最好。『於無我中而取我相』不過一種錯覺。把錯覺矯正。纔有正覺出來。

何以見得「身見」一定是錯覺呢。只要懂得「蘊聚」的意義便可以證明。順正理論（卷三）說。

『言聚離聚所依無別實有聚體可得。如是言我色等蘊外不應別求實有我體。蘊相續中假說我故。如世間聚我非實有。』

『離聚所依無別實有聚體可得』這句話怎麼講呢。大智度論（卷三十六）所引譬喻。可以互相發明。他說。

『諸法性空但名字因緣和合故有。如山河草木土地人民州郡城邑名之爲國。巷里市陌廬館宮殿名之爲都。梁柱椽棟瓦竹壁石名之爲殿。……離是因緣名字則無有法。今除山河土地因緣名字更無國名。除廬里道陌因緣名字則無都名。除梁椽竹瓦因緣名字更無殿名。……』

這種道理很易明白。如聚了許多樹。不能沒有個總名。假定如此如此便名爲林。聚了許多兵官兵卒。不能沒有個總名。假定如此如此便名爲師爲旅。樹是林名所依。兵是師旅名所依。離了樹和兵。那裏別有林師旅等實體。五蘊相續的統一狀態。假名爲我。亦復如是。

蘊即是聚。前已說過。然則五聚之無常相無實體。較然甚明。譬如說某處森林。森林雖歷久尚存。那組織成林的樹。已不知多少回新陳代謝。五蘊的相。正復如此。漸次集積。漸次散壞。無一常住。所以成實論（卷十）說。

『是五陰空。如幻如炎。相續生故。』

雜阿毗曇心論（卷二）亦說。

『一切有爲法生住及異滅展轉更相爲。』

所謂人生所謂宇宙．只是事情和事情的交互．狀態和狀態的銜接．隨生隨住隨變隨滅．隨滅復隨生．便是五蘊皆空的道理．也便是無我的道理．

然則佛家講無我有什麼好處呢．主意不外教人脫離無常苦惱的生活狀態．歸到清淨輕安的生活狀態．無常是不安定不確實的意思自然常常惹起苦惱清淨是純粹眞理的代名佛家以爲必須超越無常纔算合理生活．合理便是清淨．隨相論（卷下）說．

『有生有滅故名無常有爲法有生滅故．不得是常．生卽是有．滅卽是無．先有後無．故是無常．生何故非常生滅何故非常滅而言生滅是無常耶．解言生壞於滅故滅非常滅復壞生故生亦無常相違性故名苦五陰是苦聚．恆違逆衆生心令其受苦．……所以恆違逆衆生心者．由所緣境界非眞實故違逆生苦．』

我們因爲不明白五蘊皆空的道理．誤認五蘊相續的狀態爲我．於是生出我見．因我見便有我癡我慢．我癡我慢的結果．不惟傷害人而且令自己生無限苦惱．其實這全不是合理的生活．因爲『他所緣境界非眞實違逆衆生心』．人類沈迷於這種生活．鬧到內界精神生活不能統一．長在交戰混亂的狀態中．所以如此者．全由不明眞理．佛家叫他無明．我們如何纔能脫離這種無明狀態呢．要靠智慧去勝他．最關鍵的一句話是『轉識成智』．怎麼纔轉識成智呢．用佛家所施設的方法．虛心努力研究這種高深精密心理學．便是最妙法門．

我很慚愧我學力淺薄．不知道所講對不對．我熱心盼望諸君和海內佛學大家指教匡正．

附錄三

支那內學院精校本玄奘傳書後

——關於玄奘年譜之研究——

一

玄奘法師。爲中國佛學界第一人。其門人慧立。本住持幽州昭仁寺。貞觀十九年。奘師初歸自印度。開譯場於長安之弘福寺。詔徵天下曉法能文之僧襄焉。立以其年六月應徵至。任綴文。自後追隨奘師二十年。奘師寂。立乃綜其生平作大慈恩寺三藏法師傳十卷。都八萬餘言。而彥悰爲之箋。悰亦奘門弟子也。此書在古今所有名人譜傳中。價値應推第一。其後關於奘師傳記之作品。尙有道宣之續高僧傳。智昇之開元釋敎錄。靖邁之譯經圖記。冥詳之玄奘法師行狀。劉軻之大遍覺法師塔銘。宣昇邁詳。皆奘門人。惟軻之銘。作於開成四年。距師寂一百七十五年矣。諸家所記。什九皆取材於慧立之本書。故本書實奘傳之基本資料也。

本書近百餘年來。英法德俄文皆有譯本。爲之疏證者且不少。其在本國。則因大藏外無單行本。見者反甚希。研究更無論矣。淸季揚州刻經處始從藏中抽印。學者便焉。然譌脫尙不免。此本爲民國十二年季冬支那內學院所校印。歐陽竟無先生以硃印本見寄。讀之歡喜踴躍。舉其特色如下。

第一文字的校勘。依日本弘敎正藏本對勘麗宋元明四藏本。凡文字互有異同處。皆斟酌其義理較長者改正。復用可洪音義慧琳音義校勘俗字。文字上殆已精審無憾。

第二記載的校勘。取大唐西域記及道宣智昇冥詳劉軻所記述其事蹟有異同詳略處。皆旁注比對。令讀者得所審擇。最爲利便。

第三遺像及地圖之附錄。卷首有奘師遺像。神采奕奕。竟無師系以一贊。能狀其威德。令讀者得所景仰。復有劉定權所製玄奘五印行跡圖。蓋參考西籍複製。大致甚精審。

第四年歲之標記。本書自貞觀十九年以前。皆不記年月。讀者茫然不能確得其時代。最爲憾事。校本卷端標列年號及奘師歲數。實爲年譜之雛形。內中奘師西游之年。本書及一切傳記皆謂在貞觀三年。吾嘗考定爲貞觀元年。中國歷史研究法一二五至一二九葉竟蒙校者采用。尤覺榮幸。

二

本書得此善本。吾深爲學界慶幸。惟於卷端所列年歲。有未能釋然者。吾三年前嘗發心造玄奘年譜。牽於他課。久而未成。今亦未克賡續。偶因讀此本。觸發舊興。抉其要點。先製一簡譜。以就正於內學院諸大德。云所徵引書及其略號如下。

(原名)	(略號)
舊唐書玄奘傳………………………………	史傳

慧立大慈恩寺三藏法師傳（卽本書）……本書
道宣續高僧傳玄奘傳……續傳
智昇開元釋教錄……開元錄
靖邁古今譯經圖記……圖記
冥詳玄奘法師行狀……行狀
劉軻大遍覺法師塔銘……塔銘

以奘師之如此偉大的人物。其傳記資料如此其詳博。而苦不能得其詳確之年代。洵學界一異事也。其圓寂歲月爲麟德元年二月五日無可疑者。惟生年不詳。而享壽歲數諸家多闕不載。或載而不實。因此撰年譜者遂無從着手。今列舉異說如左。

甲、五十六歲說。舊唐書本傳云。『顯慶六年卒。時年五十六。』此說紕繆特甚。師年逾六十。左證甚多。觀下文所列舉自明。且師卒於麟德元年。豈尚有疑議之餘地。況顯慶只有五年。並無六年。耶官書疏舛。一至於此。可嘆。

乙、六十三歲說。行狀述師語云。『今麟德元年。吾行年六十有三。』其年卽師之卒年也。本書校本卽從其說。以得壽六十三推算。定爲生於仁壽二年。但據吾所考證。狀文誤記也。（詳下說）且狀中又云。『貞觀三年年二十九。』若以六十三歲推算。其年僅二十八耳。自相矛盾者一。

丙、六十五歲說。續傳云。『麟德元年……告門人曰……行年六十有五矣。必卒玉華……』此與行狀所記略同。惟易『三』爲『五』。

丁、六十一歲說。本書未記得壽幾何。惟於武德五年條下云『滿二十歲』。於貞觀三年條下云。『時年二十六』。依此推算。則麟德元年應爲六十一歲。

戊、六十九歲說。塔銘云『麟德元年二月五日夜……春秋六十有九矣。』塔銘雖晚出。而所記最得其眞。在本書中可得切證。校者主六十三歲說。乃據他書以改本書。大誤也。今列舉其文。

一、顯慶二年本書校者標眉云『法師年五十六歲』。然其年九月二十日師上表云『歲月如流。六十之年。颯焉已至。』（本書卷九頁二十一）以六十九歲推算。是年爲六十二歲。若僅五十六歲。無緣用『已至』二字。

二、顯慶五年校者標眉云『法師年五十九歲』。是年爲初翻大般若經之年。本書於本年條下記其事云。『法師翻此經時。汲汲然恆慮無常。謂諸僧曰。玄奘今年六十有五。必當卒命於此伽藍。經部甚大。每懼不終。人人努力加勤。勿辭勞苦。』（本書卷十頁三）依塔銘六十九歲推算。是年正六十五歲。與本書合。續傳及行狀致誤之由。皆因誤記法師此語之年歲。蓋以初譯般若時所言。爲譯成般若時所言也。其實依本書所紀。語意甚明。蓋六百卷般若。誠不易卒業。師以耆年任此艱鉅。故當削槀伊始。作『加我數年』之思。以此自勵勵人耳。若如行狀所記。『今麟德元年。吾行年六十有三……』。此語成何意味。而校者乃據以破本文之『五』字。益支離矣。

總之慧立著本書時。偶遺卻『享壽若干』之一句。遂令吾儕墮五里霧中。猶幸塔銘有明文。而本書所錄此兩條。能爲極强之左證。故奘師年譜之成立。尚非絕望。今試根據本書。正其矛盾。爲簡譜如下。

隋文帝開皇十六年西紀五九六　法師生。

仁壽三年六〇三　八歲。能誦孝經。

煬帝大業四年六〇八　十三歲。始出家。

大業十一年六一五　二十歲。始受具戒。

唐高祖武德五年六二二　二十七歲。在成都坐夏學律。

案本書云『年滿二十以武德五年於成都受具坐夏學律。』疑是誤併兩事爲一事。

武德六至九年六二三—六二六　二十八至三十一歲。偏游京師江漢河北諸地從師問學。

太宗貞觀元年六二七　三十二歲。是年八月。犯禁越境西游求法。冬間抵高昌爲其王麴文泰所禮待。

案師之西游。本書及一切紀載皆云在眞觀三年。誤也。所以致誤之由蓋緣師在外十七年。以貞觀十九年歸。從十九年上推至三年。恰得十七個年頭。遂相沿生誤。今考『歷覽周游一十七載』之語。始見於師在于闐所上表。而其表文實作於十八年春夏之交。三年八月至十八年三四月。何從得十七年。其不合一也。師曾在素葉城晤突厥之葉護可汗。而葉護實以貞觀二年夏秋間被弒。若三年乃行。則無從見葉護。其不合二也。師在某處留學若干年若干月。往返途中所歷若干里。本書皆有詳細記載。非滿十七年不敷分配。看本譜貞觀十六年條下案語若出游果在三年。則所記皆成虛構。其不合三也。師出游本冒禁越境。其所以能然者。則由霜災飢荒。攙在飢民隊中以行。續傳所謂『是年霜儉。下敕道俗隨豐四出。幸因斯際西向燉煌』是也。考唐書太宗紀云『貞觀元年八月關東及河南隴右沿邊諸州霜害秋稼』正與續傳所紀情事相應。若貞觀三年。則並無『霜儉』之事其不合四也以此諸證故吾確信師之出游乃貞觀元年而非三年其詳見舊著中國歷史研究法中。

又案據本書在涼州停月餘日在瓜州停月餘日（卷一葉九葉十）度五烽及莫賀延磧約須半月（葉十二至十五）抵高昌計應在十一月高昌王挽留說法一月餘（葉十六至十八）去高昌當在歲杪

貞觀二年（六二八）三十三歲經阿耆尼等國二三月之交度蔥嶺至素葉城謁突厥葉護可汗遂度鐵門經覩貨邏等國至迦畢試在彼中夏坐復經健陀羅等國踰印度河至迦濕彌羅。

案阿耆尼至素葉一段本非通路師所以迂道行此者全爲謁葉護可汗蓋蔥西諸國時方服屬突厥非得葉護許可不能通行也葉護晤師後月餘卽被弒。

又案本年行程似達迦濕彌羅而止沿路滯留之時日大略如下。

在屈支國因淩山雪路未開淹停六十日。

在素葉城與葉護周旋約十日。

在活國因遇篡亂淹留月餘。

在梵衍那都城巡禮聖蹟經十五日。

在迦畢試之沙落迦寺夏坐約兩月餘。

在健陀羅國巡禮聖蹟約十日。

大約一年光陰半數淹歇半數征行行程約萬里而弱其所歷如下。

阿耆尼至屈支七百餘里。

屈支至跋祿迦六百里。

又西北行三百里至葱嶺北隅之淩山。

又西北行五百餘里至素葉城。

素葉西行四百餘里至千泉。

西北行五百餘里至颯秣建。

又西三百餘里至屈霜你迦。

又西二百餘里至喝捍。

又西四百里至捕喝。又百餘里至伐地。

又西五百里至貨利習彌伽。

又西三百餘里至羯霜那。

又西南二百里入山。山行三百餘里。度鐵門。至覩貨羅。

自此數百里至活國及縛喝國。

自縛喝經揭職等國入大雪山行六百餘里至梵衍那。

由梵衍那度黑山至迦畢試。

由迦畢試東行六百餘里至濫波。

南百餘里至那揭羅喝。

又東南行五百餘里至健陀羅。

由健陀羅北行六百餘里入烏仗那。

過信度河至呾叉始羅。

東南山行五百餘里至烏剌尸。

又東南度鐵橋行千餘里至迦濕彌羅。

貞觀三年 六二九 三十四歲。 在迦濕彌羅之闍那因陀羅寺從僧稱法師學俱舍順正理因明聲明諸論。

案。傳於迦濕彌羅條下云。『如是停留首尾二年學諸經論。』當是去年到今年年杪行首尾合兩年也。迦濕彌羅爲說一切有部根據地。故師久淹盡受其學。

貞觀四年 六三〇 三十五歲。 由迦濕彌羅經半笯蹉至磔迦。停一月就龍猛弟子長年學經百論廣百論。至至那僕底住四月（？）就調伏光學對法論顯宗論理門論。至闍爛達那住四月就旃達羅伐摩學衆事分毗婆沙。過屈露多等國至祿勒那。從闍耶毱多住一冬半春學經部毗婆沙。

案。傳文於至那僕底條下云。『住十四月。』卷二葉二十一如此合以磔迦之一月。闍爛達那之四月。祿勒那之一冬半春已費去兩年。然細按行程。師非以貞觀五年到那爛陀不可。詳次年竊疑此『十』字爲衍文。雖無他證。且以理斷耳。經部與有部勢力維鈞。故留祿勒那稍久。

貞觀五年 六三一 三十六歲。 春半由祿勒那渡河東岸至秣底補羅。就德光論師弟子蜜多斯那學有部辯眞論。

歷半春一夏．過婆羅吸摩等國至羯若鞠闍住三月．從毗離耶犀學各種毗婆沙．經阿踰陀憍賞彌舍衛等國．以歲暮(？)抵摩竭陀入那爛陀寺．參禮戒賢大師．

案那爛陀爲奘師游學之目的地．戒賢爲其傳法本師．故此行應以抵那爛陀爲一結束．行狀記戒賢問師『汝在路幾年．』答曰『過三年．向欲四年．』（本書作『答云三年』蓋舉成數耳）然則抵那爛陀決當在本年秋冬間也．

又案自迦濕彌羅至摩竭陀歷程略如下．

由迦濕彌羅西南行七百里至半笯蹉．

又東南行七百餘里至磔迦．

東行五百餘里至至那僕底．

東北行百四五十里至闍爛達那．

又東北行七百餘里至屈露多．

又南行七百餘里至設多圖盧．

又西南行八百餘里至波里夜呾羅．

東行五百餘里至秣菟羅．

東北行五百餘里至薩他濕伐羅．

又東行四百餘里至祿勒那．渡河東岸則爲秣底補羅．

從秣底補羅北行三百餘里至婆羅吸摩補羅．

又東南行四百餘里至醯掣怛羅。
又南行二百餘里渡殑伽河至毗羅刪拏。
又東行二百餘里至劫比他。
西北行二百里至羯若鞠闍。
東南行六百餘里渡殑伽河南至阿踰陀。
東行三百餘里渡殑伽河北至阿耶穆佉。
西南五百餘里至憍賞彌。
東行五百餘里至鞞索迦。
東北行五百餘里至室羅伐悉底。即舍衛
東南行八百餘里至劫比羅伐窣堵。
東行經荒林五百餘里至藍摩。又五百餘里至婆羅痆斯。
從此順殑伽河東下減千里至吠舍釐。
遂南渡殑伽河至摩竭陀。

由迦濕彌羅直造摩竭陀。路程本可減此之半。師因往磔迦。至那僕底祿勒那等處就學。又劫比羅伐爲佛生地。室羅伐悉底憍賞彌婆羅痆斯吠舍釐等皆佛教歷史因緣最深之地。師欲先行徧歷。乃定居嚮學。故皆迂道而往也。

貞觀六年至九年（六三二—六三五）—三十七至四十歲。在那爛陀寺從戒賢大師受瑜伽師地論。聽講三徧。每徧九月而訖。又聽順正理論一徧。顯揚論對法論各一徧。因明聲明集量等論各二徧。中論百論各三徧。其俱舍婆沙六足阿毗曇等已曾於迦濕彌羅諸國聽訖。至此更尋繹決疑。凡留寺經五年。

案奘師西游動機原因對於本國攝論宗諸師所談法相有所不慊。乃欲深探其本。換言之。即對於無著世親一派之大乘學欲爲徹底的研究。瑜伽師地論。即其最主要之目的品也。戒賢大師全印耆宿世親嫡嗣期頤之年。（續傳云年百有六歲）人謝講席。至是特爲師開講至五年之久。師之宿願可謂全達。而茲行眞不虛矣。又案傳文於那爛陀條下『凡經五歲』只能作經五個年頭解。不能作滿五年解。（理由詳後）故爛陀留學。應截至貞觀九年爲止。

貞觀十年（六三六）四十一歲。自本年後南遊巡禮。並訪餘師。本年在伊爛拏從如來密師子忍二師學薩婆多部（即說一切有部）之毗婆沙順正理諸論。

貞觀十一十二年（六三七—六三八）四十二歲至四十三歲。此兩年間。徧歷印度東部南部西部數十國。欲渡海往僧伽羅（即錫蘭島）因彼中喪亂而止。中間在南憍薩羅從一精通因明之婆羅門讀集量論。在馱那羯磔迦從蘇部底蘇利耶兩僧學大衆部根本阿毗達磨。

此兩年中所歷國及其里程如下。

從伊爛拏順殑伽河南岸東行三百餘里至瞻波。

東行四百餘里至羯朱嗢祇羅。

自此東度殑伽河行六百餘里至奔那伐彈那。
又東南行九百餘里至羯羅拏蘇伐剌那。
從此東南出至三摩呾吒。
由三摩呾吒折而西行九百餘里至耽摩栗底。又西南向烏荼。（里數未記）隔海望僧伽羅。
自此西南大林中行一千二百餘里至恭御陀。
復西南行大荒林一千四五百里至羯餧伽。
自此折而西北一千八百餘里至南憍薩羅。
復折而東南行九百餘里至案達羅。
從此南行千餘里至馱那羯磔迦。
更西南行千餘里至珠利耶。
從此南經大林行一千五六百里至達羅毗荼之建志補羅城。與僧伽羅隔海相望。奘師游蹟南極此城。
自達羅毗荼折西北而歸行二千餘里至建那補羅。
從此西北經大林行二千四五百里至摩訶剌侘。
又西北行二千餘里渡耐秣陀河至跋祿羯呫婆，
又西北二千餘里至摩臘婆。
由摩臘婆行三百餘里至契吒。

又西南行五百餘里至蘇剌侘。爲西印度之極南境。
由蘇剌侘北返西北行七百餘里至阿難陀補羅。
又東北行千八百里至瞿折羅。
又東南行二千八百餘里至鄔闍衍那。
又東北行千餘里至擲枳陀。
復折而西北行九百餘里至摩醯濕伐羅補羅。
從此復經瞿折羅至阿點婆翅羅。共行二千餘里至狼揭羅。爲西印度之極西境。更西則波斯矣。
從狼揭羅東北行七百餘里至臂多勢羅。（此處應經阿吒釐傳文疑有錯簡說詳下）
又東北行三百餘里至阿軬荼。
又東行七百餘里至信度。
又東行九百餘里渡河東岸至茂羅三部盧。
又東北行七百餘里至鉢伐多羅。此爲北印度境。與迦濕彌羅接壤矣。

貞觀十三十四年（六三九—六四〇）四十四至四十五歲。　此兩年皆在鉢伐多羅就正量部學根本阿毗達磨及攝正法論教實論等。十五年下半年（？）返摩竭陀。參禮本師戒賢。復從低羅擇迦寺僧般若跋陀羅學因明聲明。

貞觀十五年（六四一）四十六歲。　在摩竭陀入杖林山從勝軍論師學唯識抉擇論旁及意義理論成無畏論不住涅槃論十二因緣論莊嚴經論等。兼問瑜伽因明等疑。旋返那爛陀。戒賢命師爲衆講攝大乘論及唯識抉擇論時大德師子光在寺中講中百論。破瑜伽義。師妙嫺中百。又善瑜伽。和會二宗。謂不相背。乃著會宗論三千頌。論成。呈戒賢及大衆。無不稱善。

案勝軍爲安慧弟子。亦學於戒賢。傳稱其『自大小乘論因明聲明。爰至外籍羣言。四吠陀典。天文地理醫方術數。無不究覽根源窮盡枝葉』。蓋當時一最通博之學者也。奘師瑜伽之學受自戒賢。唯識之學受自勝軍。在師游印收穫中。二者價值未容軒輊。傳稱從勝軍學『首末二年』。或去年杪已入杖林山矣。

又案會通瑜伽般若兩宗。實奘師畢生大願。觀其歸後所譯經論。知其盡力於般若。不在羅什下也。惜梵本會宗論未經自譯耳。

貞觀十六年（六四二）四十七歲。　上半年。師蓋在那爛陀寺。時師學業已圓滿成就。便思東歸。戒賢亦勸其行。值有順世外道來寺論難。師破之。烏荼國有小乘般若毱多謗誹大乘。師作制惡見論破之。聲名益起。鳩摩羅王戒日王相繼禮請。師應其聘。其年臘月戒日開大會於曲女城。與會者有十八國王。各國大小乘僧三千餘人。那爛陀寺僧千餘人。婆羅門及尼乾外道二千餘人。設寶牀請奘師坐爲論主。稱揚大乘。序作論意。即有名之眞唯識量頌是也。仍遣那爛陀沙門明賢讀示大衆。別令寫一本懸會場門外示一切人。若其間有一字無理能難破者。請斬首相謝。如是經十八日。無一人能難。

案本傳對於奘師在印行跡。皆失記歲月。惟曲女之會記云。『法師自冬初共王逆河而進。至臘月方到會場。』（卷五葉六）最明瞭矣。然則此究何年之臘耶。據師以貞觀十九年正月歸至長安。而途次于闐先行上表。上表後尚留于闐八箇月。其抵于闐當在十八年春夏之交。而由鉢羅耶迦抵于闐。計程亦須一年。則鉢羅返旆。決當爲十七年夏間事。而曲女開會。必在十六年之臘無疑矣。故吾儕可以曲女之會作定點。認貞觀十六年冬爲奘師游學生涯之結束。循此逆推其在印或居或行之歲月。當可瞭然。雖然有難焉者。蓋以傳中所記經歷年月之數。殊不足以敷分配。試專就其安居就學時言之。計

在迦濕彌羅學一切有部經論首末二年。

在磔迦從長年學經百論等一月。

在至那僕底從調伏光學對法等論十四月。

在闍爛達那從月胄學衆事分毗婆沙四月。

在祿勒那從闍耶毱多學經部毗婆沙一冬半春。

在秣底補羅從密多斯那學有部辯眞論半春一夏。

在羯若鞠闍從毗離耶犀學毗婆沙三月。

以上留學那爛陀以前事。

在那爛陀從本師戒賢受學凡經五歲。

在伊爛拏從如來蜜等學毗婆沙停一年。

在南憍薩羅學集量論月餘。

在馱那羯磔迦學大衆部根本毗曇停數月

在鉢伐多羅學正量部根本毗曇停二年。

在摩揭陀從般若跋陀羅學因明兩月。

在杖林山從勝軍學唯識決擇論等首末二年。

傳中所紀年月之原文如右。若一一扣足計算。則總額爲十五年有奇。奘師游印十七年。雖全部分消磨在學舍中。一步不旅行。尚且不敷分配。然而師東西往返兩次。共費去約四年之日月。傳文已歷歷可稽。在印境內巡禮游歷。凡行三萬里。爲時亦需兩年。然則宴居學舍之時間。何從得十五年之久。試更縮小範圍。切實研究。師初到那爛陀謁戒賢時。賢問。『在路幾年。』答。『過三年。向欲四年。』則師到那爛陀在貞觀五年末無疑。（此據吾所考定貞觀元年出游說耳若如舊說出游在三年則時間之不敷分配更遠矣）曲女城之會在十六年冬。又既如前述。然則自五年冬之入那爛陀至十六年冬之會曲女城。恰滿十一年。其間留學及巡禮時間。只能儘此十一年爲分配。內中巡禮南東西印之時日。最少應除去兩年。所餘留學時間。實只九年。因此吾儕對於傳文中所謂『首末二年』者。只能作『頭尾兩箇年頭』解。所謂『凡經五歲』者。只能作『經過五箇年頭』解。如此或勉强分配得過去。（至那僕底之『十四月』疑當作『四月』說已詳貞觀四年條下）吾之此譜。即以此義爲標準。酌量分配年月。雖不能絕對正確。（實不可能）或不甚相遠。內學院校本所標年歲。殆稍拘文句而生齟齬也。

貞觀十七年（六四三）四十八歲。　曲女城會畢。戒日王復爲師在鉢羅耶迦開七十五日無遮大會以餞其行。會畢復留連十餘日。春末夏初。師遂東歸。在蔥嶺西度歲。

貞觀十八年（六四四）四十九歲。　度蔥嶺而東。約春夏之交至于闐。上表告歸。仍在于闐補鈔途中所失經典。閱八月乃行，歸途歷程如下。
發鉢羅耶伽七日至憍賞彌。
西北行一月餘至毗羅删拏停兩月。
西北行一月餘至闍爛達停一月。西行二十餘日至僧訶補羅。
復行山澗中二十餘日至呾叉尸羅因船覆失經。補鈔停五十餘日。
西北行一月餘至藍波。
正南行十五日至伐剌拏。
又西北往阿薄健。又西北往漕矩吒。又北行五百餘里至佛栗薩儻那。
復經七日行雪山中至安怛羅縛婆。即覩貨羅故地。停五日。
西北下山行四百餘里至闊悉多。
西北復山行三百餘里至活國。在葉護衙停一月。
東行七百餘里經曹健。呬摩怛羅等國至鉢創那。自此入蔥嶺。
東南山行五百餘里經淫薄健至屈浪拏。又東北山行五百餘里至達摩悉鐵帝。
復東山行七百餘里至波謎羅川。即帕米爾
由川東出。登危履雪行五百餘里至朅盤陀。停二十餘日。
北東行八百餘里出蔥嶺至烏鎩。

北行五百餘里至佉沙。

東南行五百餘里至斫句迦。

東行八百餘里至瞿薩旦那。卽于闐。

貞觀十九年（六四五）五十歲。　正月二十四日。師歸至長安。二月謁太宗於洛陽。三月。師還長安。住弘福寺。從事翻譯。五月至九月。譯菩薩藏經十二卷成。七月譯佛地經六門陀羅尼經各一卷成。十月至十二月譯顯揚聖敎論二十卷成。

貞觀二十年（六四六）五十一歲。　是年。師在弘福寺。正月至二月。譯大乘阿毗達磨雜集論十六卷成。三月。創譯瑜伽師地論。去年師見帝於洛陽時。奉勅作游記。本年成大唐西域記十二卷。

貞觀二十一年（六四七）五十二歲。　是年。師在弘福寺。是年譯成解深密經。五卷（第二譯）因明入正理論一卷。大乘五蘊論。一卷。是年（？）奉勅譯老子爲梵言。

貞觀二十二年（六四八）五十三歲。　是年。師在弘福寺。五月。瑜伽師地論一百卷成。（二十年三月創譯至是成）六月至十二月。譯能斷金剛般若經一卷。（第四譯）攝大乘論十卷。（第二譯）無性菩薩所釋攝大乘論十卷。世親菩薩所釋攝大乘論十卷。唯識三十論一卷。緣起聖道經一卷。因明正理門論一卷。百法明門論一卷。是年。太宗製大唐三藏聖敎序。以冠新譯諸經論之首。是年十月。大慈恩寺成。勅師住持。師不願以寺務妨譯業。上表力辭。不許。寺中別置弘法院。專爲翻譯之用。

貞觀二十三年（六四九）五十四歲。　是年。師在慈恩寺。五月。太宗崩。高宗卽位。先是當太宗時。常召師入宮。或陪游幸。淹旬洽月。譯事不免作輟。至是『師返慈恩。專務翻譯。無棄寸陰。每日自立程課。若晝日有事不充。必兼夜以續之。遇乙之後。方乃停筆。攝經已。復禮佛行道。至三更暫眠。五更復起。讀誦梵本。朱點次第。擬明旦所翻。每日齋訖。黃昏二時。講新經論。及諸州聽學僧等恆來決疑請義。既知上座之任。（案謂充慈恩上座也）僧事復來諮稟。復有內使遣營功德。……亦令取師進止。日夕已去。寺內弟子百餘人咸請教誡。盈廊溢廡。皆酬答處分。無遺漏者。雖衆務輻輳。而神氣綽然。無所擁滯。……』（本書卷七葉十一原文）是年譯般若波羅密多心經一卷。（第二譯）甚希有經一卷。（第三譯）天請問經一卷。最無比經一卷。（第二譯）如來示教勝軍王經一卷。緣起聖道經一卷。（第六譯）菩薩戒本一卷。羯磨文一卷。佛地經論七卷。王法正理論一卷。大乘掌珍論一卷。阿毗達磨識身足論十六卷。勝宗十句義論一卷。

高宗永徽元年（六五〇）五十五歲。是年。師在慈恩寺。譯說無垢稱經六卷。（第七譯）諸佛心陀羅尼經一卷。分別緣起初勝法門經二卷。（第二譯）藥地琉璃光如來本願功德經一卷。（第三譯）稱贊佛土佛攝受經一卷。（第三譯即阿彌陀經）廣百論本一卷。大乘廣百論釋論十卷。本事經七卷。

永徽二年（六五一）五十六歲。是年。師在慈恩寺。譯大乘大集地藏十輪經十卷。受持七佛名號所生功德經七卷。大乘成業論一卷。阿毗達磨俱舍論三十卷。本頌一卷。

永徽三年（六五二）五十七歲。是年。師在慈恩寺。譯阿毗達磨顯宗論四十卷。（是書去年創譯本年成）佛臨涅槃記法住經一卷。大乘阿毗達磨集論七卷。

永徽四年（六五三）五十八歲。是年。師在慈恩寺。譯阿毗達磨順正理論八十卷。（明年春乃成）是年。那爛陀寺大德慧天智光寄書問訊。師報之時。戒賢已寂矣。

永徽五年（六五四）**五十九歲**。是年。師在慈恩寺。續譯順正理論。譯難提蜜多羅所說法經住記一卷。顯無邊佛土功德經一卷。稱讚大乘功德經一卷。陀羅尼三種共經三卷。

永徽六年（六五五）**六十歲**。是年。師在慈恩寺。譯瑜伽師地論釋一卷。先是因明學已弘布門下。及儒門學士各爲疏解。道俗之間發生諍論。師裁決焉。

顯慶元年（六五六）**六十一歲**。是年。師在慈恩寺。初師西游度雪山時。曾得寒疾、頻年屢發。至本年五月。復發頗劇。十月乃全愈。是年。譯十一面神咒心經一卷。自是年起。創譯大毗婆沙。

顯慶二年（六五七）**六十二歲**。是年二月。駕幸洛陽。勅師陪從。帶翻經僧五人。弟子各一人。住積翠宮。賡續譯業。洛中爲師原籍。至是歸省親屬。唯餘一老姊。又其父母沒於四十餘年前。値當隋亂。匆匆槀葬。至是請假改葬。官爲資給。道俗赴者萬人。師厭居京洛。於本年九月二十日。表請入少寶山之少林寺。靜習禪業。且專譯功。表中有『六十之年。颯焉已至』語。又自言『少來頗專精教義。唯於三禪九定。未暇安心。若不斂跡山中。不可成就。』又言『仍冀禪觀之餘。時間翻譯』云云。優詔不許。是年。續譯大毗婆沙。又譯觀所緣緣論一卷（第二譯）成。又創譯阿毗達磨發智論。

顯慶三年（六五八）**六十三歲**。是年上半年。師在慈恩寺。七月。勅徙居西明寺。寺爲元年所造。至是成。壯麗爲諸寺冠。是年。續譯大毗婆沙及發智論。又譯入阿毗達磨論二卷成。

顯慶四年（六五九）**六十四歲**。是年。師在西明寺。冬間。移玉華宮。是年。續譯阿毗達磨大毗婆沙論二百卷成。續譯發智論。又譯成唯識論十卷成。又譯阿毗達磨法蘊足論十二卷成。

顯慶五年（六六〇）六十五歲 是年師在玉華宮。師欲譯大般若經。以卷帙浩繁。京師多務。又人命無常。恐難完了。乃請就玉華宮翻譯。詔許焉。去年十月由京往。到彼住宮中肅誠院。本年正月一日著手翻譯般若。謂僧曰『玄奘今年六十有五。必當卒命於此伽藍。經部甚大。每懼不終。人人努力加勤。勿辭勞苦。』是年續譯阿毗達磨發智論二十卷成。又譯阿毗達磨品類足論十八卷成。又帶譯集異門足論。

龍朔元年（六六一）六十六歲。 是年師在玉華宮續譯大般若經。續譯集異門足論。又譯辨中邊論三卷頌一卷成。又譯唯識二十論一卷成。又譯緣起經一卷成。

龍朔二年（六六二）六十七歲。 是年師在玉華宮續譯大般若經。續譯集異門足論。又譯異部宗輪論一卷成。

龍朔三年（六六三）六十八歲。 是年師在玉華宮續譯大般若波羅蜜多經六百卷。是年冬十月二十三日成。續譯阿毗達磨集異門足論二十卷成。又譯阿毗達磨身界足論三卷成。又譯五事毗婆沙論二卷成。

麟德元年（六六四）六十九歲。 春正月朔師在玉華宮。翻經大德及寺衆殷勤啓請翻大寶積經。師見衆情專至。俯仰翻數行訖。便收梵本停住。告衆曰『此經部軸與大般若同。玄奘自量氣力不復辦此。死期已至。勢非賒遠。今欲往蘭芝等谷禮辭佛像。』於是與門人同出。僧衆相顧莫不潸然。禮訖還寺。專精行道。遂絕翻譯。二月五日夜半。師圓寂。寂前命門人嘉尚具錄所翻經論。合七十四部。總一千三百三十五卷。

案諸經論翻譯年月。各書或闕載或參差。今參合本書及古今譯經圖記。開元釋敎錄。大唐內典錄。考定如左。

右譜稿簡陋已甚。不足爲著述。因讀校本偶感。輒書爲將來改作之藍本耳。希內學院諸大德有以敎之。

三

此校本精愼已極。吾殆無間然。惟本書爲學界瓌寶。實宜努加整理。俾人人易讀且樂讀。整理之法。宜全部詳校詳注詳補。竊思非內學院諸大德無足以負荷斯業者。敢貢所懷以備采擇。

一書中地理宜悉注今地。英文梵文並列。此方面歐美日本人著作甚多。取材至便。近人丁益甫謙之大唐西域考證記亦足供參考。

二書中記印度各論師之小傳及諸名論之著作因緣。實爲佛教最可寶之資料。宜詳加箋注。此等取材。雖非易易。然向各經疏及歐美日本人所編辭典或其他著述中悉心搜討。亦尙可什得八九。

三奘師少年問業之先輩——如寶暹道基等。歸後襄譯傳法之門人——如窺基慧立等。其名見於本書者不下數十。宜一一爲作略傳。注於本文之下。庶可明淵源所衍。此等取材於高僧傳及其他撰述。亦尙非難。

四訓詁文句有難解者注之。愈簡愈妙。

以上說注

五本書有記載譌舛者。宜細爲校正。或據本書他處。或據他書。或按覈情理。例如據塔銘及本書顯慶五年條下『年六十五歲』之語。校正武德五年條下『年二十』貞觀三年條下『年二十六』諸文之誤。據于闐表文『十七年』語及續傳『是年霜儉……』等語。校正貞觀三年出游之誤。

六本書亦有傳寫譌舛者。例如卷四十葉十二摩臘婆條之後云『自此西北行二千四五百里至阿吒釐』

次條云『自此西北行三日至契吒』按諸地圖摩臘婆與契吒比壤而契吒遠在阿吒釐東南本書所記極不合情實當是錯簡西域記則云從『摩臘婆西北行三百餘里至契吒』可據以校正此外東西南北等字之譌寫者似尚不少皆可據地圖校正

以上說校

七本書於奘師歸國後記其與宮廷關係事特詳而於所譯經典反多漏略此是慧立無識處今宜參照靖邁譯經圖記智昇釋教錄補一慈恩三藏所譯經典表將各書之翻譯年月初譯抑再譯各書所屬宗派原著者姓名年代卷數品數等一一詳明標列庶可以見師所貢獻於學界之總成績

八奘師著述僅存者如宗鏡錄所收之眞唯識量翻譯名義集所收之五不可翻論等宜悉心搜羅全數附補

九宜補奘門弟子籍一篇將當時襄譯諸賢及窺基圓測諸大弟子各爲一小傳以記淵源

十宜補法相宗傳授表一篇印度自無著至戒賢中國自奘師至窺基圓測慧沼以下並及日本此宗人物凡關於本宗之著述全數錄入並簡單說明其特點

十一宜補漢梵英地名對照表一篇將本書及西域記所記悉行列入並注相距里數

十二宜將道宣續高僧傳玄奘傳冥詳玄奘法師行狀劉軻大遍覺法師塔銘全部附錄俾讀者得對照參檢

以上說補

附錄四

大寶積經迦葉品梵藏漢文六種合刻序

藏中諸經傳譯的形式，惟大寶積最爲新奇。凡大部經典，本是用叢書的體例逐漸編集而成，這是我們所確信的。所以此類大經，都先有許多零譯單本，或每種先後經幾次重譯，到後來得著足本的梵文，遇著一位大譯師，纔把他全部首尾完具重新譯成。華嚴般若諸譯本成立次第都是如此。寶積初期的迻譯，也不違斯例。自漢晉至魏齊，零譯單本不下數十種。到唐中宗神龍二年至先天二年（七〇六至七一三）菩提流志三藏纔泐成現在的百二十卷本。但他有一點極爲別致，全書共分四十九會，內中只有二十六會爲流志新譯，餘下二十三會則采用舊譯。所以這部百二十卷大寶積經，我們可以借用版本學家的術語，名之爲「唐百衲本」。這種「百衲本」的辦法，想來是先把舊有許多零譯單本拿來和梵文對照，倘若認爲都要不得，便重新另譯；倘若認爲其中有一種要得的，便采用了他本刻的經文。就是全部四十九會裏頭第四十三會所說，流志以前，曾經三譯。第一次爲漢支婁迦讖譯，名爲佛說遺日摩尼寶經。第二次爲晉時譯，名爲佛說摩訶衍寶嚴經，失却譯者姓名。第三次爲姚秦時譯，也失却譯者姓名，原名何經，亦無可考。流志對勘的結果，認爲秦譯是要得的，自己不另譯，便把秦譯編作全書之第一百一十二卷，名爲普明菩薩會第四十三。那漢晉兩譯，認爲要不得，便把他們淘汰了。

寶積在翻譯史中還有一段掌故、當玄奘三藏在玉華宮譯成六百卷的大般若經之後、他的門生便請他譯寶積。那時他已經六十九歲了。他拿起寶積梵本譯上幾行、卽便擱起說道。「此經部軸與大般若同、玄奘自量氣力不復辦此。」其後不過一個多月他便圓寂了。這部經不能得玄奘這位法匠譯他眞算憾事。據玄奘說他的部軸與大般若同。大般若六百卷現行百衲本寶積百二十卷。不過得般若五分之一而强。所以我們很疑心流志所譯還不是足本。後來北宋法護施護諸人所譯、也許有許多是「寶積遺珠」本刻所錄之第四譯佛說大迦葉問大寶積正法經、便是其一了。

我們六朝唐宋時代費來成千累萬的梵本。現在一軸也無存了。印度方面梵經也日加稀少。大乘經典尤甚。鋼和泰先生得著這部經的梵文和藏文。又追尋中國舊譯。除「百衲本」所收外還有三本。合成六種。據鋼先生說『這部梵本久已失傳了。』我們別要看輕這點小册子。這也算人間孤本哩。

鋼先生將全經逐段分開。把六種文字比較對照。他所費的勞力眞不小。我們有了這部合刻本。第一。可以令將來研究梵文藏文的人得許多利便。增長青年志士學梵文的趣味。爲佛學開一新路。第二。用四部譯本並着讀。可以看出翻譯進化之跡及其得失。給將來譯家很好的參考。就這兩點論。我們學界拜鋼先生之賜實在多多了。

鋼先生是俄國一位大學者。專研究印度及亞細亞中部的語言和歷史。兩年前。我在北京高等師範學校講演歷史。有涉及大月氏迦膩色迦王事。鋼先生聽見。便找我的朋友丁文江先生介紹見我。說他自己之到東方專爲「捉拿迦膩色迦」來的。——因爲迦膩色迦歷史聚訟紛紜。所以鋼先生作此趣語。——後來我們還會面好幾次有一次我在鋼先生家裏晚飯他拿出一部北齊時所譯的經用梵本對照譯得一塌糊塗幾乎令我們笑倒了我因此感覺專憑譯本去研究學問眞是危險我又覺得鋼先生這種研究精神眞可佩服我初見他時他到中國不過兩年他對於全部藏經的研究比我們精深多了我很盼望他的精神能間接從這部書影響到我們學界

我最後還要向商務印書館致謝這部書是鋼先生託我介紹向該館印行的像這類專門書本不爲社會一般人所需該館因爲印這區區小册子特製梵文藏文字模還經許多麻煩纔印成純然是對於學術界盡義務我們不能不感謝的

十三年三月九日梁啓超

飲冰室專集之六十九

讀書分月課程

序

今人聞談古事，鄉曲人道城市，不樂聽之者無有也。故雖鄉曲陋民，胸中必有一二城鄉古事義理，故謂天下皆學人也。然而語以窮極古今之故，中外之事，天地之大，聖人之道，賢達之論，則裹足掩耳而欲遁逃，則或一邑一郡無通人。樂聞小而惡聞大，此豈人之情也哉。其書太繁，其道太遠，其力太苦，而卒無所得，望海無舟，其向若而驚，歸而浮游溪沼之間以自娛樂，乃人之情也。今夫昔之之京師，裹糧三月而後能至，近者輪船往來，不旬日抵津沽矣。假有鐵路，則一日程耳。康熙時，索額圖奉命至雅克薩，與俄人劃界，行六月，迷道而歸。今大設公站，不逾月至。假有鐵路，豈待半月哉。故學者爲學，患不知道，旣知道矣，患無精鍊之舟車，二者旣備，其功百倍，至千萬倍焉。方今國事之艱，皆由士人之謬陋寡學，無才任之。每念嘆息，頃遊桂林，旣略言條理，爲桂學答問一卷，以告桂人。尚慮學者疑其繁博，屬門人梁啓超抽繹其條，以爲新學知道之助。其諸學者，亦有樂於是歟。南海康祖詒敍。

飲冰室專集之六十九

讀書分月課程

學要十五則

學者每苦於無門徑，四庫之書，浩如煙海，從何處讀起耶？古人經學，必首詩書，證之論語禮記荀子皆然，然自僞古文既行，今文傳注，率經闕失，詩之魯齊韓，書之歐陽二夏侯，蕩刼尤甚，微言散墜，索解甚難，惟春秋公羊穀梁二傳，巋然獨存，聖人經世之大義，法後王之制度，具在於是，其禮制無一不與羣經相通，故言經學，必以春秋爲本。

春秋之義，公穀並傳，然穀梁注劣，故義甚闇曶，公羊注善，故義益光大，又加以董子繁露，發明更多，故言春秋，尤以公羊爲歸。

讀公羊可分義禮例三者求之，如元年春王正月條下，王者孰謂，謂文王也，曷爲先言王而後言正月，王正月也之類，所謂義也，立適以長不以賢，立子以貴不以長，子以母貴，母以子貴之類，所謂禮也，公何以不言卽位之類，据常例書卽位爲問，所謂例也，餘可類推，然凡一禮一制，必有大義存焉，例者亦反覆以明其義而已，然則義並可該禮與例也，故孔子曰，其義則丘竊取之矣。

何邵公解詁本胡毋生條例。皆公羊先師口說也。宜細讀。春秋繁露反覆引申。以明公羊之義。皆春秋家最善之書。學者初讀公羊。不知其中蹊徑。可先讀劉禮部公羊釋例。卒業後深究何注繁露兩書。日讀十葉。一月而春秋畢通矣。

經學繁重。莫甚於禮制。禮制之轇轕。由於今文與僞古文之紛爭。僞古文有意誣經。顚倒禮說。務與今文相反。如今文言祭天在郊。祭地在社。而古文謂祭天南郊。祭地北郊。今文言天子娶十二女。而古文謂天子一后三夫人九嬪二十七世婦八十一御妻之類。兩說聚訟。何以能通。既辨今古分眞僞。則瞭如列眉矣。如是則通禮學甚易。既通禮學。於治經斯過半矣。

欲分眞僞辨今古。則莫如讀新學僞經考。其近儒攻僞經之書可並讀。

既讀辨僞諸書。能分今古。則可以從事禮學。王制與春秋。條條相通。爲今文禮一大宗。五經異義。述今古文禮之異說。劃若鴻溝。最易暢曉。惟許鄭皆古文家。不能擇善而從。學者胸有成竹。不必狥其說也。白虎通全書皆今文。禮極可信據。既讀此二書。復細玩二戴記。以求制禮之本。以合之於春秋之義。則禮學成矣。

古人通經。皆以致用。故曰不爲章句。舉大義而已。又曰存其大體。玩經文。然則經學之以明義爲重明矣。國朝自顧亭林閻百詩以後。學者多務碎義。戴東原阮雲台承流。益暢斯風。斤斤辨詁。愈出愈歧。置經義於不問。而務求之於字句之間。於是皇淸經解之書。汗牛充棟。學者盡數十寒暑。疲力於此。尚無一心得。所謂博而寡要。勞而少功也。康先生剗除無用之學。獨標大義。故用日少而蓄德多。循其次第之序以治經。一月可通春秋。半載可通禮學。度天下便易之事。無有過此者矣。學者亦何惜此一月半載之力。而不從事乎。卽以應試獲科而論。一月半載之功已可以春秋三禮專門之學試於有司。亦是大快事也。治經之外。厥惟讀史。康先生教人讀史。仿蘇文忠公八面受敵之法。分爲六事。一曰政典章制度之文是也。二曰事治亂興亡之跡是也。三曰人爲賢爲惡可法戒者是也。四曰文或駢或散可誦習者是也。五曰經義史記漢書最多而他史亦有。六曰史裁史記新五代史最詳而他史略及。學者可分此六事求之。上四門是陸桴亭語下兩門乃康先生所定

太史公最通經學。最尊孔子。其所編世家列傳。悉有深意。是編不徒作史讀。並可作周秦學案讀。漢書全本於劉歆之續史記。其中多僞古文家言。宜分別觀之。後漢名節最盛。風俗最美。讀之令人有向上之志。其文字無史漢之樸拙。亦無齊梁之藻縟。莊雅明麗。最可學亦最易學。故讀史當先後漢書。

孔子之後。諸子並起。欲悉其源流。知其家數。宜讀史記太史公自序中論六家要指一段。漢書藝文志中九流一門。莊子天下篇。荀子非十二子篇。然後以次讀諸子。

學問之道。未知門徑者以爲甚難。其實則易易耳。所難者莫知立身。學者不求義理之學以植其根柢。雖讀盡古今書。祇益其爲小人之具而已。所謂藉寇兵而齎盜糧。不可不警懼也。故入學之始。必惟義理是務。讀象山上蔡學案以揚其志氣。讀後漢儒林黨錮傳東林學案以厲其名節。熟讀孟子以悚動其神明。大本既立。然後讀語類及羣學案以養之。凡讀義理之書。總以自己心得能切實受用爲主。既有受用之處。則拳拳服膺。勿使偶失。已足自治其身。不必以貪多爲貴也。

子羽能知四國之爲。孔子稱之。春秋之作。先求百十二國寶書。以今方古。何獨不然。方今海禁大開。地球萬國。猶比隣也。家居而不知比隣之事。則人笑之。學者而不知外國之事。何以異。是王仲任曰。知今而不知古。謂之盲瞽。

知古而不知今，謂之陸沈。今日中國積弱，見侮小夷，皆由風氣不開，學人故見自封，是以及此。然則言經世有用者，不可不知所務也。

讀西書，先讀萬國史記，以知其沿革；次讀瀛環志略，以審其形勢；讀列國歲計政要　知其富强之原；讀西國近事彙編，以知其近日之局。至於格致各藝，自有專門，此爲初學說法，不瑣及矣。

讀書莫要於筆記。朱子謂當如老吏斷獄，一字不放過。學者凡讀書，必每句深求其故，以自出議論爲主。久之觸發自多，見地自進，始能貫串羣書，自成條理。經學子學，尤要無筆記，則必不經心，不經心則雖讀猶不讀而已。黃勉齋云，眞實心地，刻苦功夫，學者而不能刻苦者，必其未嘗眞實者也。

以上諸學，皆缺一不可，驟視似甚繁難，然理學專求切己受用，無事貪多，則未嘗繁也。經學專求大義，删除瑣碎，一月半載，已通，何繁之有。史學大半在證經，亦經學也。其餘者則緩求之耳。子學通其流派，知其宗旨，專讀先秦諸家，亦不過數書耳。西學所舉數種，爲書不過二十本，亦未爲多也。遵此行之，不出三年，卽當卒業。已可卓然成爲通儒，學者稍一優游，則此三年，已成白駒過隙，亦何苦而不激其志氣，以務求成就乎。朱子曰：惟志不立，天下無可爲之事。是在學者。

最初應讀之書

旣於羣學言其簡要易入之道，但所讀之書，篇第先後，尙慮學者未知所擇，故史綜而錄之如左。其所論列，顓以便適新學爲主，閒有抽擇全文，倒亂原次，割裂譾陋，可笑已甚，通人譽其用意，諒不見哂也。

經學書

先讀劉申受公羊釋例　皇淸經解中有此書

釋例中先讀王魯例次通三統例張三世例闕疑例名例建始例諱例

次讀公羊傳及何君注

康先生有批本　何君最要徐疏可略

次讀春秋繁露

先讀俞序篇次正貫篇十指篇次楚莊王篇玉杯竹林玉英精華篇次三代改制質文篇王道篇

次讀禮記王制篇

因其制度與公羊相通讀春秋時卽當讀之餘篇俟從事禮學時再讀

次讀穀梁傳

范注楊疏皆不必讀

以上春秋學

次讀新學僞經考

先秦焚六經未嘗亡缺考次漢書河間獻王魯恭王傳辨僞次漢儒憤攻僞經考次漢書藝文志辨僞次史記經說足證歆僞考次漢書儒林傳辨僞

次劉申受左氏春秋考證　皇清經解

次讀邵位西禮經通論　經解續篇

次讀魏默深詩古微　經解續篇

先讀開卷數篇

以上辨僞經

次讀禮記

先王制次禮器郊特牲次儒行次檀弓次禮運中庸次以原序讀諸篇

次讀大戴禮記

次讀五經異義　皇清經解陳氏輯本

此書言今古文禮制之異學者但從其異處觀之許鄭之多從古文陳氏之和合今古皆謬説不必爲所惑

次讀白虎通

專言今文禮制其中亦間有古文數條則賈逵班固所爲也然究爲今文禮之宗

以上禮學

次羣經

史學書

先讀史記儒林傳

次漢書儒林傳

次漢書藝文志

次史記孔子世家仲尼弟子列傳孟子荀卿列傳　此爲孔子學案

次後漢書儒林傳

次後漢書黨錮傳

次史記老子韓非列傳游俠列傳刺客列傳日者列傳龜筴列傳

此爲周秦諸子學案老子韓非爲老氏之學游俠刺客爲墨氏之學日者龜筴爲陰陽家之學其餘尚有十三家見於孟子荀卿列傳

次史記太史公自序

其中言春秋最精論六家要旨亦爲諸子學案

以上皆言學派黨錮傳激揚名節不在此數

次後漢書

後漢書擇其列傳先讀之餘可緩讀列傳中武臣之傳亦可緩讀　史以讀志爲最要然當俟專求掌故時始讀故亦從緩

次羣史

子學書

先讀莊子天下篇

次荀子非十二子篇

次韓非子顯學篇

次墨子非儒篇公孟篇

周末墨學最盛專與儒家爲難必觀其相攻之言然後知孔學之顛撲不破

以上皆論家法

次孟子

讀孟子可分養心厲節經世尊孔論性五門求之

次荀子

讀荀子可分辨性勸學（荀言性本惡故貴學以變化之）崇禮經國尊師法闢異學數門求之

次管子

管子多存舊制僞周禮所本

次墨子

墨氏一家之學

次老子

老氏一家之學

次莊子

莊子本孔學但往而不返閒遁於老耳

次列子

列子本後人摭拾老莊爲之然精論甚多

次呂氏春秋淮南子

二書皆雜家淮南則多近於道家然二書言諸子學術行事甚多亦極要宜於老墨二書卒業後即讀之

次羣子

理學書

先讀象山學案宋元

次上蔡學案宋元

次東林學案明儒

次姚江學案明儒

次泰州學案明儒

次江右王門學案明儒

次浙中王門學案明儒

次白沙學案明儒
次伊川學案宋元
次橫渠學案宋元
次濂溪學案宋元
次明道學案宋元
次百源學案宋元
次東萊學案宋元
次南軒學案宋元
次艮齋止齋龍川水心學案宋元
朱子之學宋元學案所編甚陋宜讀語類
朱子語類先讀總論爲學之方卷
次論力行卷
次論讀書卷
次論知卷
次訓門人卷
次自述卷

次論治道卷
次論本朝卷

西學書

萬國史記
瀛環志略
列國歲計政要
格致須知
西國近事彙編
談天
地學淺識

讀書次第表

學者每日不必專讀一書。康先生之教。特標專精涉獵二條。無專精則不能成。無涉獵則不能通也。今將各門之書。臚列其次第。略仿朝經暮史晝子夜集之法。按月而爲之表。有志者可依此從事焉。

第一月

經學	公羊釋例	釋例擇其要者數篇先讀之一二日可卒業再讀其諸篇六七八日可卒業矣
	公羊傳注	共爲書三本十日可卒業矣
	春秋繁露	先擇其言春秋之義者讀之其言陰陽天人者暫緩之五日可卒業矣
史學	史記儒林傳	
	漢書儒林傳	
	藝文志	
	後漢書儒林傳	
	黨錮傳	讀儒林傳藝文志以知經學源流讀黨錮傳以厲志氣
子學	孟子	宜專留心其言養氣厲節各條
	荀子非十二子篇	
	莊子天下篇	
	韓非子顯學篇	
	墨子非儒篇	
理學	象山學案	
	上蔡學案	
	朱子語類總論爲學之方	
	東林學案	
	白沙學案	
西學		

第二月	第三月
可以半月之功再溫公羊注繁露二書 穀梁傳 可求其義例禮制與公羊同異之處 王制 當與公穀並讀	新學僞經考 左氏春秋考證
史記太史公自序 孔子世家 仲尼弟子列傳 孟子荀卿列傳 老子韓非列傳 並游俠以下四列傳	後漢書 先以次讀列傳
荀子	荀子 墨子
姚江學案 江右王門學案 泰州學案 浙中王門學案 朱子語類訓門人	徧讀宋元學案明儒學案國朝學案各
	瀛環志略

	禮經通論 詩古微			總序並讀其取編次諸儒之傳其言論姑暫緩	
第四月	五經異義 白虎通	後漢書史記從本紀讀起	墨子 管子	濂溪學案 百源學案 明道學案 伊川學案 橫渠學案	瀛環志略 萬國史記
第五月	禮記	史記	管子 老子 呂氏春秋	晦翁學案甚劣姑讀耳 東萊學案 南軒學案 甬上四先生學案	萬國史記

	第六月
	大戴禮記 繁露之言陰陽天人者至此可讀之
	史記 漢書
	呂氏春秋 淮南子
艮齋止齋水心龍川學案 朱子語類	朱子語類
	列國歲計 政要 談天 地學淺識

飲冰室專集之七十

作文教學法

一

本講義專爲中學以上作文科教師講授及學生自習之用。主意在根據科學方法研究文章構造之原則。令學者對於作文技術得有規矩準繩以爲上達之基礎。

講義開始之前應自行劃定所講之範圍及體例如下。

第一。作文第一步工夫本應注重文法但此事應該別有專書講授。而且在高等小學期間內該已大略授過。所以本講義把這部分姑且剔開。專從全篇結構上講。

第二。本講義所用教材專限於文言文其語體文一概從略。並非對於語體文有什麼不滿。因爲一本講義預備中學以上教學用。假定學生在小學期間對於語體文已有相當之素養。到中學以上無專門教授語體文之必要。二文言文行用已二千多年。許多精深的思想和優美的文學作品皆用他來發表。所以學生應該學習他。——最少也要能讀他能解他。學習的期間。以中學爲最宜。

三．文言和語體．我認爲是一貫的．因爲文法所差有限．得很會作文言的人．當然會作語體．或者可以說文言用功愈深．語體成就愈好．所以中學以上在文言下些相當工夫．於語體文也極有益．

四．語體尙在發達幼稚時代．可以充學校敎材的作品不很多．（注）文言因爲用得久了．名作林立．要舉模範．俯拾卽是．所以敎授較爲方便．

（注）有人主張拿幾部有名的小說當敎材．我認爲不妥．因爲敎授國文的目的．雖不必講什麼「因文見道」．也應該令學生連帶著得一點別的智識．和別的科學互相補助．像那純文學的作品水滸紅樓之類．除了打算當文學家的人．沒有研究之必要．此其一．要領略他文章妙處．非全部通讀不可．如此龐大的卷帙．實不適學堂敎科之用．此其二．體裁單純．不彀敎授舉例．此其三．

因爲以上四種原故．所以我主張中學以上國文科以文言爲主．但這是專從講授一面說．至於學生自作．當然不妨語文並用．或專作語體．亦無不可．因爲會作文與否和文學作得好歹．所重不在體裁而在內容．這些道理．下文再說．

第三．文章可大別爲三種．一．記載之文．二．論辯之文．三．情感之文．一篇之中．雖然有時或兼兩種或兼三種．但總有所偏重．我們勉強如此分類．當無大差．作文敎學法．本來三種都應敎．都應學．但第三種情感之文．美術性含的格外多．算是專門文學家所當有事．中學學生．以會作應用之文爲最要．這一種不必人人皆學．而且本講義亦爲時間所限．所以僅講前兩種爲止．至於第三種的硏究法．我上半年在淸華學校曾有一篇頗長的講義．名曰中國韻文裏頭所表現的情感．諸君若對於這方面有興味．不妨拿來參考參考．

第四．本講義從敎授方面講居多．但學生很可以用來自習．或者得益更多．亦未可知．

第五。所引模範文因沒有彙輯成書。故僅以最通行者爲限。而且所引勢難舉全文。望諸君覓原本比對參考纔好。

二

孟子說『能與人規矩。不能使人巧。』文章做得好不好。屬於巧拙問題。巧拙關乎天才。不是可以教得來的。如何纔能做成一篇文章。這是規矩範圍內事。規矩是可以教可以學的。我不敢說。懂了規矩之後便會巧。然而敢說懂了規矩之後。便有巧的可能性。又敢說不懂規矩的人。絕對不會巧。無規矩的。絕對不算巧。所以本講義所講。只是規矩。間有涉及巧的方面。不過作爲附帶。

諸君聽這段話。切勿誤認我所講的與什麼文章軌範什麼桐城義法同類。那種講法。都是於規矩外求巧。他所講的規矩。多半不能認爲正當規矩。我所要講的。只是極平實簡易而經過一番分析。有塗徑可循的規矩。換句話說。就是怎樣的結構成一篇妥當文章的規矩。

結構成一篇妥當文章。有最低限度的要求。是『該說的話——或要說的話不多不少的照原樣說出。令讀者完全了解我的意思』這個要求。看似尋常。其實實行做到。極不容易。試把他分析一下。

(1)該說的話　該說的話。是構成文章必要的原料。作文第一步。先把原料搜集齊備。便要判斷那種原料是要的。那種是不要的。要不要的標準。要相題而定。——又要看時候如何。又要看作者地位如何。又要看讀者地位如何。　例如作一篇南開暑期學校記和作一篇論暑期學校之功用。關於暑期學校的原料可以彼此通用的雖然甚多。然而兩篇所應去應取當然不同。同是這兩個題目。今年作的和三兩年後作的。所說話當然不同。同是作記。以南開爲主體。與以暑期學校爲主體。所該說的話。當然各各不同。同是作論。對辦學的人說和對學生說。所該說的話當然各各不同。該說的不說。不該說的說。都是文家第一大忌。該說的不說。我們在古人文中很難舉出確例。因爲我們認爲該說的話。也許作者當時實在沒有完備的材料。然而也有許多地方可以看得出來。例如司馬遷作的孟子荀卿列傳。他所根據的資料——孟子荀子兩部書現在尚存。我們子細研究一下。便發見出傳中該說而未說的話很多。不該說而說。可以算是二千年來文人通病。有名的六朝駢體文和唐宋八家文。依我看來。總是可以不說的話居十之八九。因爲他們不是有話在肚子裏要說纔做文。乃是因爲要做文纔勉強找話來說。還有許多話在這個人是該說的。在那個人是不該說的。在這時候是該說的。在那時候是不該說的。例如最近黎黃陂復職前所發的「魚電」可以說是人人該說的話。也可以說是黃陂無論何時都該說的話。獨有黃陂自己打定主意承認復職前之數日。便不該說。學作文的人。先要自己定出個立脚點。然後根據這立脚點把該說的話定出個範圍。這是第一種規矩。這種規矩是有普徧原則可以求得的。

(2)要說的照原樣說出　原樣有兩種。一。客觀的原樣。二。主觀的原樣。　客觀的原樣。指事物之純粹客觀性。像畫畫一般。畫某人便的確是某人。畫那處風景便的確是那處風景。這是做記載文最必要的條件。　主觀的原樣。指作者心裏頭的印象。要把他毫厘不爽的複現到紙墨上來。兩者之中。尤以主觀的爲最緊要。因爲任憑你如何主張純客觀的作品。那客觀的事物。總須經過一番觀察審定別擇纔用來入文。不能絕對的與主觀相離。文家臨到下筆時。已經把一切客觀的都成爲「主觀化」了。所以能彀把主觀的原樣完全表出。便算盡文章能事。但這句話却很不容易實現。我們拿着一個題目。材料也有了。該說話的範圍也定了。但對於所有材料往往就苦於無法駕馭。有時材料越發多越發弄得狼狽。鬧到說得一部分來丟了一部分。把原有的意思都走了。又或意思格格不達。寫到紙上的和懷在心中的完全兩樣。想醫第一種病。最緊要是把思想理出個系統來。然後將材料分種類分層次令他配搭得宜。想醫第二種病。最要緊是提清主從關係。常常顧着主眼所在。一切話都擁護這主眼。立於輔助說明的地位。這又是作文最重要的規矩。這種規矩也是有普徧原則可以求得的。

(3)令讀者完全了解　這句話看着像很容易。其實不然。我自己讀許多有名的古文。便不了解他眞意何在。所以令人不了解之故有四。其一。謬爲高古。撦上滿紙難字或過去的文法。令人連句也點不斷。段落也分不清。其二。沒有論理學的修養。

三

今論記載文作法。凡敍述客觀的事實者爲記載文。其種類可大別爲四。——

一。記物件之內容或狀態。　如替一部書作提要。替一幅圖畫作記。說明一種制度的實質。說明一件東西的特性之類。

二。記地方之形勢或風景。記形勢的如方志之類。記風景的如遊記之類。

三。記個人之言論行事及性格。　簡要的如列傳之類。詳細的如行狀年譜之類。其中復可分爲一人專傳。多人合傳。

四。記事件之原委因果。　小之記一人一家所發生的事件。大之記關於全國家全人類的事件。短之記以一日或幾點鐘爲起訖的事件。長之記數千年繼續關係不斷的事件。

右四類中第一類最爲易記。因爲範圍是有限制的。觀察力容易集中。性質是固定的。讓我們慢慢地翻來覆去觀察。不會變樣子。第二類也還易記。因爲性質雖然不免變化。比較的還屬固定。空間的範圍雖然複雜。可以由我們畫出界限部分來。第三類的記載便較難頭一件。因爲人類生活總須有相當的時間經過纔能表明。而時間最是變動不居的。第二件因爲要想明白一個人的眞相。不能光看他外表的行事。還要看他內在的精神。不能專從大處看。有時還要從小處看。所以作一篇好傳記。實不容易。至於第四類的記載便更難了。要知道一件事的原委因果。總要把時間關係空間關係觀察清楚。把人的要素物的要素分析明白。種種極複雜狀態都拼攏在一齊。非大大的費一番組織工夫。不能記述得恰好。

無論做何類記載文。有兩個原則總要敎守的。——

第一。要客觀的忠實。　記載文既以敍述客觀的爲目的。若所記的虛僞或譌舛或闕漏。便是與目的相反。所以對於材料之蒐集。要求其備。鑑別要求其眞。觀察要求其普徧而精密。尤要者萬不可用主觀的情感夾雜其中。將客觀事實任意加減輕重。要而言之。凡作一篇記載之文。便要預備傳到後來作可靠的史料。一面對於事實負嚴正責任。一面對於讀者負嚴正責任。學生初學作文時。給他這種觀念。不惟把「文德」的基礎

立得鞏固。即以文體論。也免了許多枝葉葛藤

第二敍述要有系統。客觀的事實。總是散漫的斷續的。若一條一條的分開臚列。——像孔子作春秋一般。只能謂之記載。不能謂之文。既要作文。總須設法把散漫的排列起來。把斷續的連貫起來。未動筆以前。先要觀察事實和事實的關係。究竟有多少處主要脈絡。把全篇組織先主出個系統。然後一切材料能由我自由駕馭。教學生作文從此入手。不惟文章容易成就。而且可以養成他部分的組織能力。

四

以上汎論記載文的綱領已完。以下便舉實例分論各種作法。

記載文有把客觀事實全部記載者。例如韓昌黎畫記。（古文辭類纂卷五一）記的是一幅田獵人物畫手卷。用四百多個字。把畫中人馬及其他動物雜器物五百多件全部敍入。能令我們讀起來彷彿如見原畫。我常推他是昌黎集中第一傑作。他這篇傑作。實很費一番組織工夫。才能構成。他先把全畫人物分爲四大部。一人。二馬。三其他動物。四雜器物。第一第二部用列舉的記敍法。第三第四部用概括的記敍法。他把這個組織系統先行立定。再行駕馭畫中的材料。寫人的狀態。應最詳。他便用精密的列舉。先寫大人。後寫婦人小孩。大人之中。先寫騎馬的。次寫別種動作的。騎馬之中。又種種分類。別種動作中。又種種分類。敍明作某種狀態若干人。某種某種狀態者又若干人。而總結之以『凡人之事三十有二。爲人大小百二十有三。而莫有同者焉。』次敍馬。亦列舉其狀態。而不舉每種狀態所占之馬數。總結處卻與敍人同一筆法。說道『凡馬之事二十有七。馬大小八十有三。而莫有同

者焉』次敍其他動物則但云『牛大小十一頭槖駝三頭……』但舉其數不復寫其狀態次敍雜器物則分兵器服用器游戲器三類統記其總數『二百五十有一』更不分記某器有若干具了其餘山水樹林等情形文中一字不見但我們從他寫人馬狀態裏頭大約可以推度得出來這篇文用那麼短的篇幅寫那麼瑣屑複雜的物態能令人對於客觀的原樣一目了然而且文章上很發生美感問他何以能如此呢主要工夫全在有系統的分類觀察把主從輕重先弄明白再將主要部分一層一層的詳密分類自然能以簡御繁我們想練習觀察事物的方法便是一個模範

這種敍述法施諸一幅呆板的畫或尙適用因爲畫中人物雖極複雜畢竟同屬畫出來的東西想把他全部敍下還有辦法若所敍的對象含有各種不同性質你想要全部一絲不漏都敍下結果一定鬧到主從不分明把應敍的倒反落掉令讀者如墮五里霧了所以敍事文通例總事限於部分的記述紙面的記述雖僅限於一部分而能把全部的影子攝進來便算佳文部分記述之主要方法有四

一．側重法．

二．類概法．

三．鳥瞰法．

四．移進法．

側重法．專注重題中某一點或某幾點．其餘或帶敍或竟不敍．最顯著的例．如陳羣等之魏律序略晉書刑法志引目的專在記魏律與秦漢律篇章之異同．起首便說道．『舊律所難知者．由於六篇篇少故也．篇少則文荒．文荒則事寡事寡則罪漏。是以後人少增。更與本體相離。今制新律。宜都總事類。多其篇條。』這幾句把改律的動機和宗旨都簡單明瞭提出。以下便將舊律某篇某篇如何不合論理如何不便事實。據何種理由增加某篇挪動某條。末後總結一筆『凡所定增十三篇故就五篇合十八篇。於正律九篇爲增。於旁章科令爲省矣。』全文不過七百字。然而敍述得非常得要領。我們試把他子細研究一遍。便可以製成一個極明瞭的「漢魏律篇章對照表」他對於許多法律上重要問題。都沒有提及。所記專集中於這一點。正惟集中於這一點。所以對於這部分確能充分說明。遂成爲天地間有用且不朽之文。

凡遇著一個廓大的題目。應該敍述的有許多部分。最好專擇一部分爲自己興味所注者以之爲主。其餘四方八面觀察都拱衞着他。自然會把這部分的眞相看得透說得出。別的部分只好讓別人去研究說明。這種方法。雖然可以說是文學家取巧。其實也是做學問切實受用的一種塗徑。

側重法。只要能把所重的說得透切。本來不論側重那一點皆可。但能彀把題目最重的地方看清楚。然後用全力側重他。自然更好。我剛纔說過『部分的敍述須能把全部影子攝進來。』想以部分攝全部。非從最重要處落脈不可。比方攻擊要塞。側重法是專打一個礮臺。所打的若是主力礮臺自然比打普通礮臺效力更大了。例如有一個題目在此。「記德國新憲法。」不會用側重法的人。想要把全憲法各部分平均敍述。一定鬧到寫了幾萬字還是茫無頭緒。全用側重法的人便只認定某幾點重要。其餘都不管。但是同一樣的側重法。側重得握要不握要。文章價值自分高下。例如側重在新憲法和舊憲法比較。看帝制與共和異同何在。原不失爲一種好方法。但關於共和之建設。各國大略相同。就令從這方面詳細解剖。仍不足以說明德憲特色。我們有位朋友張君勸做過這一篇文。專把德憲中關於「生產機關社會有」的條文。和關於「生計會議」的組織及權限詳細說明。其餘多半從略。這便是極有價值的一篇文字因爲這兩點是從來別國憲所未有德國新憲能在今後立法界有絕大價值。就靠這兩點。

凡一件事實總容得許多觀察點、所以一個題目。容得有許多篇好文章。教授學生時。最好是擇些方面多的題目。先令學生想想這題目可以有幾個觀察點。等他們答完之後。教師把幾個正當觀察點逐一指出。然後令各生自認定一個觀察點做去。既認定時。便切戒旁鶩以免思路混雜。凡所有資料皆憑這觀察點爲去取經過幾回這樣的訓練。學生自然會把側重法應用得很好了。

但前文講的觀察點之比較選擇。萬不要忘却。倘若所選之點太不關痛癢。總不成爲正當的好文章。例如史記管晏列傳敍個人閱涉瑣事居大半。太史公自己聲明所側重的觀察點。說道『至其書世多有之。是以不論論其軼事』他既有了這幾句話。我們不能責備他不合章法。但替兩位大政治家作傳用這種走偏鋒的觀察法。無論如何我總說是不該。

五

類概或類從法者。所記述的對象不能有所偏重。然而又不能偏舉。於是把他分類每類挈出要領。把所有資料。隨類分隸。這種模範作品最可學的是史記西南夷列傳。

『西南夷君長以什數。夜郎最大。其西靡莫之屬以什數。滇最大。自滇以北君長以什數。邛都最大。此皆魋結耕田有邑聚。其外西自同師以東北至楪榆名爲嶲昆明皆編髮隨畜遷徙毋常處毋君長地方可數千里。自嶲以東北君長以什數徙筰都最大自筰以東北君長以什數冉駹最大其俗或土著或移徙在蜀之西自冉駹以東北君長以什數白馬最大皆氐類也。此皆巴蜀西南外蠻夷也。」

這篇傳敍的川邊川南雲南貴州一帶氐羌苗蠻諸種族情形異常複雜。雖在今日。尙且很難理清頭緒。太史公却能用極簡淨的筆法把形勢寫得瞭如指掌。他把他們分爲三大部。用土著游牧及頭髮的裝束等等做識別。每一大部中復分爲若干小部。每小部舉出一個或兩個部落爲代表。代表之特殊地位固然見出。其他散部落亦並不罣漏。到下文雖然專記幾個代表國——如滇夜郎等——的事情。然已顯出這些事情是西南夷全體的關係。這是詳略繁簡最好標準。

凡記載條理紛繁之事物。欲令眉目清楚。最好用這方法。用這方法最要注重的工夫。是分類。分類所必要的原則有三。第一要包括。第二要對等。第三要正確。包括是要所分類能包含該事物之全部。對等是要所分類性質相等。正確是要所分類有互排性不相含混。例如說中國有漢滿蒙回藏五族。這個分類便不包括。因爲把苗子玀玀等族漏掉了。例如把日月及金木水火土五星名爲七曜。便是不對等。因爲日月和五行星不同性質。例如把中國書分爲經史子集四部。便是不正確。因爲有許多書可以入這部也可以入那部。或者入這部不對入那部也不對。分類本來是一件極難的事。以嚴格論。每種事物非專門家不能爲適當的分類。但要想學生心思縝密。非叫他們多做這層工夫不可。學校做記事文。尤以此爲緊要塗徑。好在學生學別種功課時。已經隨時得有分類的智識。教授作文時。一面把他們已學過的功課當題目叫他們就所聽受者加詳加密分類。一面別出新題目叫他們自己找標準去分類。如此則作文科與別科互相聯絡。學生無形間可以兩面受益。

把類分清之後。要看文章的體裁篇幅何如。若是一篇長文乃至著一部書應該逐類都詳細說明。那便循着步驟說去就是了。倘若限於篇幅要有剪裁。那麼學史記西南夷列傳先將眉目提清。再把各類的重要部分重筆特寫以概其餘。這是作文求簡絜的最好法門。

試再舉兩個分類的例。各史儒林傳。自晉書以下。都不分類了。我們讀起來。便覺得流派不明。史記漢書後漢書所敍各儒者。都不以年代爲次。但以各人所專經分類。後漢書更分得清晰。每部經分今文家古文家兩家中又分派。每派各舉出幾個代表人物。讀過去自然把一代經術源流派別都了然。所以晉書以下的儒林傳可以說是無組織的。前三史是有組織的。後漢書是組織得最精密巧妙的。

又如魏默深著的元史體例和舊史很有不同。他立的傳很少。應立傳的都把他分類。他只用開國功臣平金功臣平蜀功臣平宋功臣某朝相臣某朝文臣治曆治水諸臣……等等名目做列傳標題。把人都納在裏頭。於是凡關於這一類人所做的事情。都歸攏在一處。每篇之首。把事的大綱提絜清楚。用幾個重要人物做代表。其餘二三等人附帶敍入。事蹟既免罣漏。又免重複。又主從分明。比較各史確應認爲有進步的組織。這段話講的是著書體例。教學生作文或說不到此。但以文章構造的理法論。構造幾十卷書和構造幾百字的短文。不外一理。總要令學生知道怎樣才算有組織。怎樣才算組織得好。做有組織的文字。下筆前甚難。下筆後便容易。做無組織的文恰恰相反。同是一種材料。組織得好。費話少而能令讀者了解且有興味。組織得不好。便恰恰相反。想學記載文的組織文嗎。分類便是最重要的一步工夫了。

六

鳥瞰法和前兩法不同。前兩法都要精密的觀察。鳥瞰法只要大略觀察。像一隻鳥飛在空中拿斜眼一瞥下面的人民城郭。像在騰高二千尺的飛機上頭用照相鏡照取山川形勢。這種觀察法在學問上很是必要。前人有兩句詩說得好。『不識廬山眞面目。只緣身在此山中。』若僅有部分的精密的觀察。結果會鬧成顯微鏡的生活。鏡圈裏的情形雖然看得無微不至。圈子外卻是茫然。如此。則部分與部分間的相互關係看不出來。甚至連部分的位置也是模糊。決不能算是看出該事物的眞相。鳥瞰法雖然是只得着一個朦朧影子。但這影子卻是全個的。

這個方法。凡做一部書的提要。或做一個人的略傳。一件事的略記。都要用他。而且在一篇長文中總須有地方用他。所以要學。

鳥瞰法的最好模範。莫如史記貨殖列傳。從『漢興海內爲一』起到『燕代田畜而事蠶』止。這幾大段講的是當時經濟社會狀況。物的方面把各地主要都市所在。與物產的區畫。交通的脈絡。人的方面。把各地歷史的關係。人民性質。遺傳上的好處壞處。習慣怎樣養成。職業怎樣分布。都說到了。他全篇大略分爲六部。(一)關中(陝西)當時帝都。把隴(甘肅)蜀(四川)附入。(二)三河(河南)把種代趙中山(山西及直隸之一部）附入。又附論鄭衞（河南）(三)燕（直隸）把遼東附入。(四)齊魯。（山東）(五)梁宋（山東及河南間）(六)三楚西楚指江淮上游一帶。（湖北及河南四川之各一部）東楚指江淮下游一帶。（江蘇安徽附浙江）南楚指東南大部分（安徽江西湖南廣西廣東）他分類不見得十分正確。所論亦互有詳略。加以太史公一派固有的文體很有些繚糾。像不容易理出頭緒但能把各地的特點說出各地相互的關係處處保聯絡。確是極有價值的一篇大文。

鳥瞰法的文做得好不好。全看他能不能提挈起全部的概要。試舉兩篇同題的爲例。漢朝的高誘作了一篇呂氏春秋序。（現在冠於原書篇首）淸朝的汪中也同樣有一篇。（述學補遺）高誘的鈔史記呂不韋列傳占了四分之三。都是說呂氏的故事。其實呂氏幷非學者。這書又是他的門客所編。與本人無甚關係。況且這些話史記都說過。何必再說呢。末段纔說到這書的內容。說『此書所尚。以道德爲標的。以無爲爲綱紀。以忠義爲品式。以公方爲檢格。……』全是空話。而且四句之中便有重複。我們讀了。絕不能對於這部書得何等印象。汪中的便不是這樣。他說他某篇某篇採自儒家言。某篇某篇採自道家言。某篇某篇採自法家墨家兵家農家言。末後總結說。『是書之成。不出於一人之手。故不名一家之學。而爲後世修文御覽華林編略（類書）之所託始。藝文志列之雜家。良有以也。』我們讀了這篇序。就令看不見原書。然而全書的規模性質都可以理會了。

七

移進法和前三項不同。前三項都是立在一個定點上從事觀察。或立在旁邊。或立在高頭。或精密的觀察局部。

或粗略的觀察全體、要之作者揀擇一個定點站住。自然邀同讀者也站定這一點。把我觀察所得傳達給他。移進法恰與相反。作者不站定一點。循着自己所要觀察的路線。挪動自己去就他。自然也邀同讀者跟着自己走。沿路去觀察。這種作法。漢書西域傳便是一個好例。

西域傳序先敍述西域交通的兩條路。說道。『自玉門陽關出西域有兩道。從鄯善傍南山北波河。（顏注云波河循河也）西行至莎車為南道。南道西踰葱嶺則出大月氏安息。自車師前王庭隨北山波河西行至疏勒為北道。北道西踰葱嶺則出大宛康居奄蔡。』因為這些地方初通中國。一般人不知其所在。不能像什麼關中河內燕薊齊魯提起名來大家都會想像他在某地點。所以這篇傳換一種記載法。先把兩條大路點清眉目。後入本傳正文。就跟着路線敍去。路線是從南道往。從北道歸。頭一段說。『出陽關自近者始曰婼羌。……西北至鄯善乃當道云。』自此便順着南道敍鄯善、且末。……經過葱嶺中的西夜子合。度嶺敍罽賓安息大月氏。算是南道的最遠點。跟着趨北。敍北道。最遠點的康居、大宛。……回頭入葱嶺。敍捐毒、莎車、疏勒。……順着北道東歸。最後到車師前後王庭而止。其不當兩大路之衝者。則隨其所附近之路線插敍。每敍一國。都記明去長安若干千里。他這種組織法。和本書的地理志迥別。好像帶着我們沿着這兩條路線往返旅行一遍。能彀令我們容易明白。且有興味。和這個一樣的作法。如柳子厚的游記。內中始得西山宴游記鈷鉧潭記鈷鉧潭西小邱記至小邱西小石潭記袁家渴記石渠記石澗記小石城山記……等一連十多篇。其字句之研鍊。筆法之雋拔。人人共賞。不必我再下批評。最妙是把他逐日的發見名勝。挨次分篇敍述。令我們讀起來好像跟他去游覽。和他得同等的快樂。這就是移進法的好處。

移進法自然用在地理方面的記載最相宜。因爲觀察點跟着地段挪移是最便的。但跟着時間挪移也可以。就歷史的記載而論紀傳體是站在一個定點上觀察的。編年體就是跟着時間挪移的。所以左傳通鑑裏頭許多好文章。極能引人入勝。還有許多好小說。令讀者不能中斷非進下去看完不可。都因爲用移進法用得入妙。所寫對象本來有空間時間的層次。作文時一步一步移進去。自是這一類作法的正格。亦有本身原無層次。作者自己創造出層次來移進。汪容甫有篇名作廣陵對。便是絕好模範。汪是揚州人。這篇廣陵對是說揚州在歷史上的關係。替自己鄉土大吹特吹。用近人通用的命題。也可以標爲「歷史的揚州」。揚州史蹟本來甚多。若平鋪直敘說去。不惟無味。亦且一定錯亂罣漏。他把所有史蹟先行分類。最初所敘一類。是沒有什麼成功然而關係很重大的。從楚漢之交的召平說起。次以漢末三國的臧洪。東晉祖約蘇峻搆難時的郗鑒。桓元僭逆時的劉毅。蕭梁侯景作亂時的祖皓來嶷。唐武后革命時的徐敬業。宋纂周時的李重進。宋亡時抗拒蒙古的李庭芝。明亡時抗拒滿洲的史可法。恁麼多件事併爲一類。都是忠憤愛國一流。總束一句道『歷十有八姓二千餘年而亡城降子不出於其間』。引起讀者的眼光看揚州成了忠義之鄉了。然而這些什有九都是失敗的史蹟。而且主其事者多半不是揚州人。於是他進一步敘本土人有成功爲一類。內中又分兩小類。先從守境之功說起。敘三國時陳登的匡琦之戰。南宋時韓世忠的大儀之戰。宋元之交趙葵的新塘之戰。繼敘進取建設之功。則晉拒苻秦時謝玄的淝水之戰。隋平陳時賀若弼的白水岡之戰。五代朱溫割據時楊行密的清口之戰。令我們讀起來便覺得揚州地方眞是舉足可以爲輕重於天下。揚州人之武勇眞個如荼如火。末後一段敘揚州人在揚州以外所做的事。歷舉十幾位各種人物都有。又把我們眼光引到別方面去。覺得揚州眞是人才淵藪了。這篇文章，字字句句都洗鍊，筆筆都跳盪，固然是他特別令人可愛的原因，然而最主要者實在他的章法。本來只有許多平面的材料，他會把他分類，造出層次，從這個觀察點移到那個觀察點，每移一度，令人增加一重趣味。這可以說是故意造作出來的移進法。我們懂得這種法門，無論遇着什麼題目都可以應用了。

八

以上四法，在第一第二兩類記載文——即記物件之內容或狀態，記地方之形勢或風景——最爲適用。因爲這兩類所記載都屬事物的靜態，專用「物理的或數理的觀察法」便彀。至於第三第四兩類——即記人記事——最要緊的是能寫出他的動態，非兼用「化學的觀察法」不可。以下當別論這兩類文的作法。

凡記述一個人，最要緊的是寫出這個人與別人不同之處。人類性格，什有八九是共通的，尤其在同一時代同一社會之人，人人相類似之點尤多，好像用同式的模子鑄出來一般。雖然，人類之所以異於他物者，因爲人類性格只有相類似，不會相雷同，所以一個模子可以鑄幾千萬絕對同樣式的錢，一個馬羣可以養出千百個絕對同性質的馬，一個社會中想找兩個絕對同樣的人，斷斷找不出。相類似是人類的羣性，不雷同是人類的個性。個性惟人類纔有，別的物都不能有。凡記人的文字，唯一職務在描寫出那人的個性。

近世寫實派文學大家莫伯桑初學作文時，他的先生教他同時觀察十個車夫的動作，作十篇文章，把他們寫出，每篇限一百字。這是從最難求出個性處刻意去求這種個性，發見得出別的自然容易了。莫伯桑經過這一番訓練之後，文思大進。後來常常舉以教人，水滸傳寫一百零八個强盜，要想寫得個個面目不同，雖然不算十分成功。但總有十來個各各表出他的個性。這部書所以成爲不朽之作就在此。懂得這種道理，對於傳記文作法便有入手處了。

小說體的文寫個人特性。全憑作者想像力如何。傳記體的文寫個人特性。全憑作者觀察力如何。有了相當的想像力觀察力。怎樣才能把所想像所觀察盡量的恰肖的傳出。全憑作者技術如何。技術千變萬化。雖然沒有什麼原則可指。但古今中外傳記名手。大率有一種最通用的技術。是凡足以表現傳中人個性的言論行事。無論大小。總要淋漓盡致委曲詳盡的極力描寫。令那人人格躍然於紙上。甯可把別方面大事拋棄。而在這種關鍵中絕不愛惜筆墨。這種作法。在歐洲則布魯特奇之英雄傳。在中國則司馬遷之史記。最能深入其中三昧。試將史記雜舉幾篇爲例。

（一）廉頗藺相如傳　記藺相如完璧歸趙及澠池之會兩事。從始至末一言一動都記得不漏。這是詳記大事之法。因爲這兩件大事最足表現相如的個性。所以專用重筆寫他。其餘小事都不敍。廉頗的大事。三回伐齊兩回伐魏。一回伐燕。傳中前後只用三四十個字便算寫過。絕不寫他如何作戰如何戰勝。因爲這些戰術戰功是良將所通有。不足以特表廉頗的人格。倒是廉頗怎樣的妒忌藺相如。經相如退讓之後怎樣的肉袒謝罪。失勢得勢時候怎麼的對付賓客。晚年亡命在外思念故國怎麼的『一飯斗米肉十斤被甲上馬示尚可用。』這些小事寫得十分詳細。讀之便可以知道廉頗爲人短處在褊狹。長處在重意氣識大體。

（二）酈食其列傳　食其想見漢高祖。找同里騎士做引線。教他幾句話。說道。『臣里有酈生。年六十餘。長八尺人皆謂之狂生。生自謂我非狂生。』記他自己這幾句話。便把一位胸有經緯倜儻不羈的老名士活現出來。又寫他初見高祖時高祖怎樣的『倨牀使兩女子洗足。』酈生怎樣的『長揖不拜。』高祖怎樣罵。酈生怎樣的和他對罵。說道。『足下欲誅無道秦。不宜倨見長者。』到後來酈生說齊歸漢。齊人上了當。責備他。他說『而公不爲若更言。』（老子不和你說費話）便攝衣就烹。這些話本來都是小節。太史公却處處注意。務將他話的原樣和說話的神氣都傳出。便能把這位老名士的人格活現。

(三)信陵君列傳　說他怎樣的待侯嬴。怎樣的待朱亥。怎樣的待博徒毛公賣漿薛公。這幾件事說得委曲詳盡。幾占全篇之半。而且把他的事業都穿插在這幾個人身上。便活畫出極有意氣的一位貴公子。而且把當時社會的背景。都刻畫出來。

九

記事文——即前述第四類所謂記一事之原委因果者。在各種記載文中最爲難做。因爲凡事情總不會孤立。孤立的事情。便無記載之價值。凡一篇記事文總是把許多時候的動作聚攏一處來記。嚴格的說。並非記一件事。乃是記一組事。幷非把各件各件敍述得詳明正確便算了。一定要把許多性質不同的事前後八面相照應釐然成爲一組。所以甚難。

難固然是難。但也有個很簡易的方法。什麼方法呢。『整理空間時間的關係。』因爲凡同一時間所發生的事實。必異其空間。同一空間所發生的事實。必異其時間。作者但能把這兩種關係觀察淸楚。敍述得有法度。自然會把滿盤散沙的事件弄成一組了。

記事文最難的莫如記戰爭。學會記戰爭。別的文自迎刃而解。所以教授記事文作法。最好將下文所列左傳通鑑中之戰記令學者先行細讀。（因爲戰爭非一人所爲。其成敗因果非一人一時一地之事。倘使有一部分敍述得罣漏或錯誤。便把全篇弄成不可解）再由敎師綜合比較向學生說明記載的原則。

左傳。

秦晉韓原之戰。

晉楚城濮之戰。

晉齊鞍之戰。

晉楚邲之戰。

晉楚鄢陵之戰。

吳楚柏舉之戰。

資治通鑑。

秦漢之交鉅鹿之戰。

王莽時昆陽之戰。

三國時赤壁之戰。

東晉時淝水之戰。

此外好的還不少。爲參考用自然愈多愈妙。頭一步講習就恁麼多篇也彀引例說明之用了。

一回大戰爭所包含的事實如此其複雜。若要一一記載無遺實爲事勢上所絕對不可能。善作戰記的人。專以敍述勝敗因果爲主要目的於是定出一個原則。凡有關於勝敗者雖小必錄。無關於勝敗者雖大必棄。守定這個原則對於材料去取便有把握。

材料搜齊選定之後怎樣排列呢。就要從時間空間兩方面分別整理。

就時間論。每回戰爭總可分爲三大段。

一。戰前　所應敍述者爲戰爭動機。兩造準備。兩造心理狀態。兩造行動及其位置等等。

二。戰時　兩造接觸之實況。

三。戰後　戰事之收束及因戰爭發生之直接影響間接影響。

戰記通例。大率敍戰前者居十之七八。敍戰時及戰後者不過居其二三。因爲勝敗原因。多半在開火以前便已決定。且每回戰事也是事前醞釀甚久。一到開火。事勢便急轉直下。事實上時間分配。戰前和戰時差不多也是八與二之比例。所以注重戰前是普徧原則。像通鑑昆陽之戰。敍戰時幾占三之一。實屬一種例外。左傳每篇敍戰時實況的文句都極簡。最奇怪的如邲之戰全文六千多字。內中確爲敍戰時實況者。只有『車馳卒奔乘晉軍』七個字。而且連這七個字也屬空話。然而兩方勝敗原因已能令讀者了然。其餘各篇寫戰時的語句都極少。諸君試回去細細校閱自能見出。戰後收束。如鞌之戰韓之戰邲之戰都敍得較詳。幾占全文六分之一或五分之一。因爲戰後所發生的影響。能令從前局面生大變動。而且爲後來新事實的原因。所以比較的要詳敍。

聚集大多數人在一大空間內行動。非先明瞭各部分所占的位置不可。所以記載時要整理空間。戰紀通例。大率敍戰前事實時。先把地理上形勢隨時逗點。令讀者對於這方面知識得有準備。敍到臨戰時。纔把當時形勢明顯指出。因爲兩造位置屢屢轉移。所以到臨時點敍最好。但也不一定。有時亦在一篇之首先敍清楚。倘若位置始終無大變化。便可以如此辦法。

整理空間。莫如用圖。沒有圖的文章。能令讀者可以據文製圖。便是佳文。例如通鑑鉅鹿之戰

『章邯已破項梁以爲楚地兵不足憂。乃渡河北擊趙。大破之。引兵至邯鄲。……張耳與趙王歇走入鉅鹿城。王離圍之。陳餘北收常山兵。得數萬人。軍鉅鹿北。章邯軍鉅鹿南棘原。趙數請救於楚。……楚王召宋義……置以爲上將軍。項羽爲次將軍……以救趙。……齊將田都助楚救趙。……宋義行至安陽。留四十六日不進。……

章邯築甬道屬河。餉王離。王離兵食多。急攻鉅鹿。鉅鹿城中食盡。兵少。……陳餘使五千人先當秦軍。至皆沒。當是時。齊師燕師皆來救趙。張敖亦北收代兵。得萬餘人。來皆壁餘旁。未敢擊秦。項羽已殺卿子冠軍（宋義）乃渡河救鉅鹿。……絕章邯甬道。王離軍乏食。……項羽乃悉引兵渡河。……圍王離。與秦軍遇。九戰。大破之。章邯引兵却。』……

我們根據這段記事。便可以製圖如下。

甲。鉅鹿戰役圖

左傳城濮之役。詳略兩軍將帥及戰時行動如下。

鉅鹿戰役圖

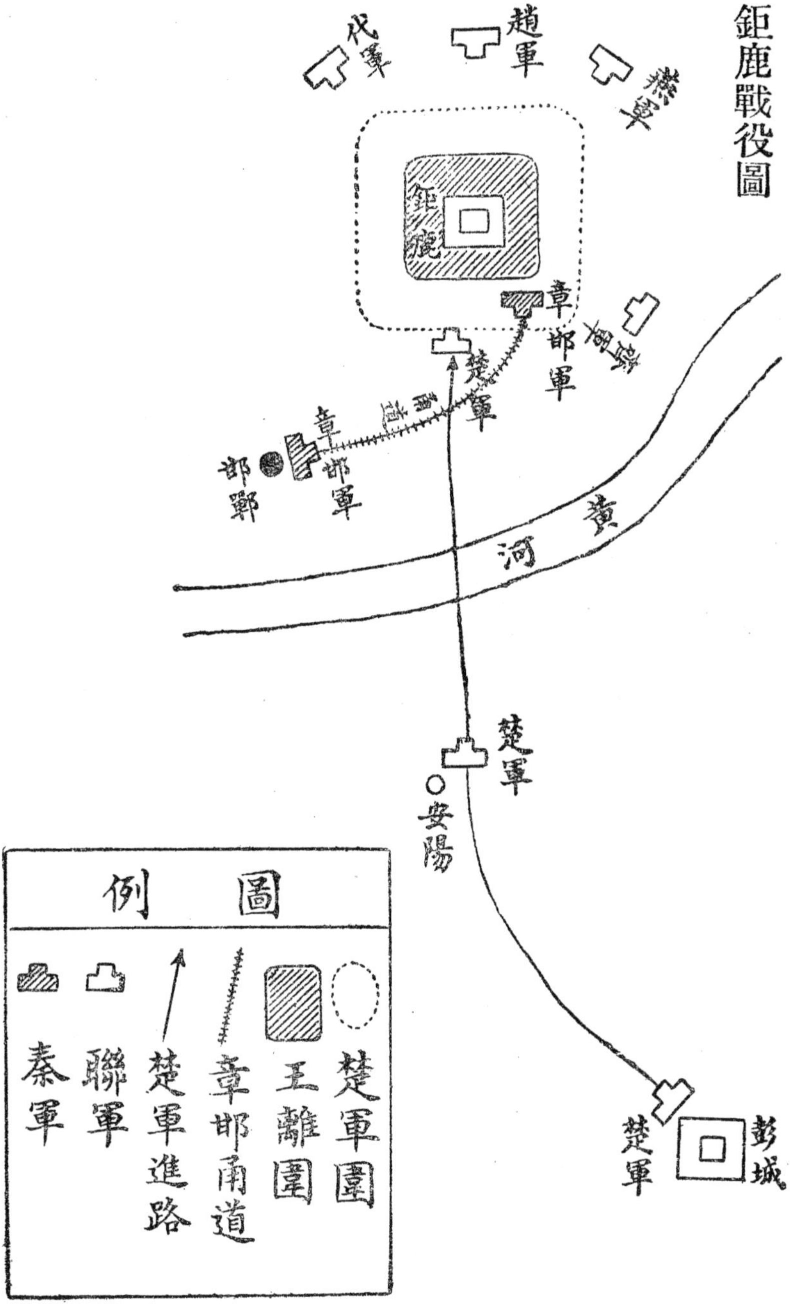
代軍
趙軍
燕軍
鉅鹿
章邯軍
楚軍
甬道
章邯軍
邯鄲
黃河
楚軍
安陽
楚軍
彭城
圖例
楚軍圍
王離圍
章邯甬道
楚軍進路
聯軍
秦軍

城濮戰役圖

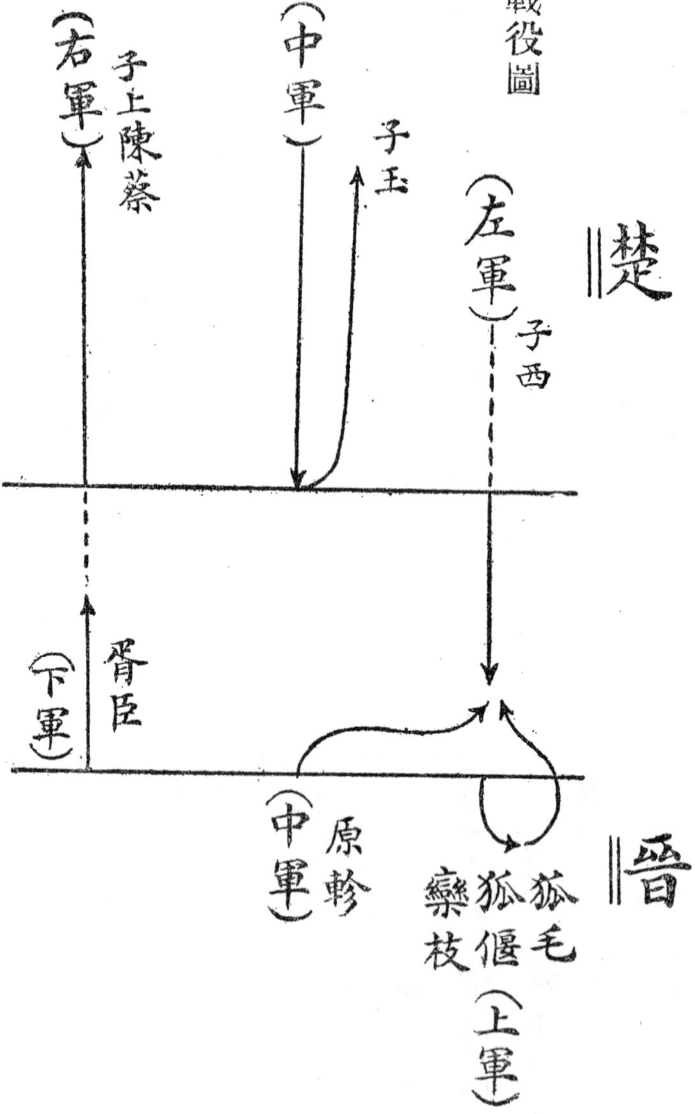

『晉原軫將中軍。郤溱佐之。狐毛將上軍。狐偃佐之。欒枝將下軍。胥臣佐之。……晉師陳於莘北。胥臣以下軍之佐當陳蔡。（楚）子玉以若敖之六卒將中軍。子西將左。子上將右。胥臣蒙馬以虎皮。先犯陳蔡。陳蔡奔。楚右師潰。狐毛設二旆而退之。欒枝使輿曳柴而僞遁。楚師馳之。原軫郤溱以中軍公族橫擊之。狐毛狐偃以上軍夾攻子西。楚左師潰。楚師敗績。子玉收其卒而止。故不敗』

觀此知楚右軍乃是用陳蔡兩國兵組織。晉拿下軍之一半對付他。因爲他不是楚人。力較脆弱。先破他以挫敵鋒。楚中軍是精銳所萃。不動他。第二步便以全力對付楚左軍。本來楚左軍正面之敵是晉上軍。至是晉三軍協力專向他。下軍僞遁。中軍橫擊。上軍夾攻。到楚兩翼全潰。中軍無戰鬬勇氣。戰事便算了結。據此可以製圖如下。

乙。城濮戰役圖

試舉時間分敍之例。說明其理法。

例一。韓原之役

戰前。　用重筆寫動機。這回戰爭。本來是秦先動兵。晉乃應敵。然而讀起來覺得戰爭責任全在晉國。記晉侯對於秦穆姬及中大夫之負約。著明宮廷間的仇恨。記『許賂列城既而不與』。著明國家間的仇恨。記『晉饑秦輸之粟。秦饑晉閉之糴』。著明國民間的仇恨。僅八十七個字。而四方八面的原因都敍到。處處看來都是晉國對不起秦國。令人覺得勝負之機。未戰已決。

戰時。　此戰勝中心全在兩軍主將。故以秦伯晉侯爲綱領。其餘陣地之布置。將卒之進退死傷。一概不敍。臨戰時插入晉侯和慶鄭韓簡問答的幾段話。表明幷非秦有必勝之道。然而晉確有必敗之道。敍戰時實況從『壬戌戰韓原』至『遂失秦伯』僅四十一個字。說明秦之勝也屬僥倖。不過晉侯給他種種機會。

戰後。自『秦獲晉侯以歸』至篇末皆記戰後事。占全文三分之二。寫秦人意外獲勝。反至舉措困難。把各人意見及內外形勢皆寫得十分明瞭。

例二。城濮之役。

戰前。這回是當時歷史上關係最重大的一戰。所以記述得異常鄭重。第一。除晉楚兩個交戰主體國外。宋魯衞齊秦曹陳蔡各國位置及態度都先後敍說。以明這回戰爭不止關係兩國。乃是含有「世界性」。第二。寫晉國對於戰前準備十分周密。內中將帥之人選問題尤爲注意。表明戰勝主要原因。第三。詳述晉國外交上手腕。怎樣的牽制敵勢。怎樣的招致與國。怎樣的逼着敵人不能不戰。而且把戰爭責任加在他身上。同時寫出楚國立在形見勢絀的地位。而意氣不衰。確是勍敵。

戰時。此役人多地大。所以要把兩軍空間位置整理明確。如前文所繪之圖。各軍行動。一一詳載。表明晉國諸將帥各人有各的方略。合羣策羣力纔成功。拿來和韓原之役對照。便見得那一回是獨夫的戰爭。這一回是全國人才協力的戰爭。

戰後。這回戰勝的結果極大。而顯人人共見。所以倒不必多說。最妙是在全篇發端處記主將先軫幾句話。說道『報施救患。取威定霸。於是乎在矣』把豫期的結果提前劈頭敍出。既已戰勝。結果自如所期。所以多說便成費詞。故專記周王『策命晉侯爲侯伯』以極莊重結之。明晉國戰後之地位。

例三。鄢之役。

戰前．這回戰爭情形最特別．兩造當局的人都多數不欲戰．所以卒至於戰．全由不相干的小事偶然湊成．所以戰前把平和空氣充滿的狀況極力摹寫．內中點綴少數人的挑撥．表出逼成戰事的機括．晉國致敗之由．全在將帥不和．而尤在主將之無能．所以一起首把將帥人名及職位全數敍出．把個人意見逐個詳述．而正當意見所以不能占優勢．全由主將荀林父毫無主意．作者處處把這病根揭出．對手的楚國．雖然也是主張平和者多．然而方針一旦決定後．便全體一致的起勁．所以能制勝．最妙是兩造內幕情形．都從敵人口中說出．讀起來已經覺得勝敗之數．不能戰而決．

戰時．此役本來雙方無意作戰．偶然弄假成眞．所以幾次小衝突．都寫出一種兒戲態度．我前文說過．本篇寫戰時實況．只有『車馳卒奔．乘晉軍』七個字空話．並非作者有意弄巧．實則這回本無所謂戰．如此敍法．正是寫實．

戰後．敍實況後緊接一句．『桓子不知所爲』．正點出主將無能．跟着錯雜寫諸將舉動．表明諸將非都不能戰．可惜在這種主將之下．沒有辦法．用『舟中之指可掬』『宵濟亦終夜有聲』兩句．便把敗後混亂蕭條狀況．全盤描出．末段記楚莊王一番戒懼謙恭的話．一以表楚國能戰勝的理由．一以表他戰勝後能站得住的理由．

例四．鄢陵之役

戰前．這回和邲之役恰相反．晉國將帥．箇箇欲戰．全體心理一致．內中惟范文子一人持異議．但異議的理由．全屬對內．不關對外．所以晉軍全體．早有非勝不可的氣概．楚國便不然．楚王和三幾箇下級軍官都是一團虛憍之氣。其餘重要人物都覺得不該戰。本篇前一段。把兩造這種狀態曲曲傳出。

戰時。本篇寫戰時實況最詳。幾占全篇三分之一以上。晉國各將帥的行動。逐個逐個詳寫。顯出他們是在一個共同目的之下人自爲戰各各起勁。這回的實況確是如此。最後寫楚國要戰時大將醉了。和晉軍氣象恰恰成箇反面。

戰後。此役戰勝結果并沒有好處。因爲促成晉國內亂。所以傳文別的都不敘。專記范文子立於戎馬之前幾句話。說道『君幼諸臣不佞何以及此。君其戒之。』和篇首文子說的『外寧必有內憂』那句話相應。

例五。鉅鹿之役。

戰前。此役主腦全在項羽一人。項羽本來不是主將。因爲他得了主將地位。才有這回戰爭。又因爲這回戰爭是項羽立功名的初步。所以把他殺宋義一段寫得眉飛色舞。這一戰所關係如何重大和作戰計畫該怎麼樣都從他口裏說出。勝敗關鍵便躍然紙上。又這回戰爭形勢是已經相持許久的。所以發端即將各軍在空間的位置提清。以後小有變遷。隨時補述。如前圖所表。

戰時。專記項羽軍動作。對手秦軍。像純立於被動地位。其餘聯軍的無能。亦帶寫出。

戰後。記『項羽由是始爲諸侯上將軍諸侯皆屬』寫項羽箇人的成功。下文敘章邯之降。爲此戰餘波。表明秦之亡此戰最有力。

例六。昆陽之戰。

戰前。先寫敵軍（王莽軍）聲勢之盛。什麼司徒司空都出馬。聚起什麼明兵法的六十三家。用什麼長人

陣什麼虎豹犀象來嚇人什麼實兵四十三萬人號百餘萬把石卵不敵之勢寫得淋漓盡致次寫昆陽諸將着急情形表明內部無一人可恃

戰時．這篇敍戰時實況特詳幾占全文之半而看起來像只有劉秀一箇人在那裏動作敵人和自己夥伴都是立於批評地位而件件都出他們意料之外

戰後．記敵軍『士卒奔走各還其郡』『關中震恐』海內豪傑響應……旬日徧於天下』表明新莽之亡全在此戰．

例七．赤壁之役．

戰前．此役由三方面構成三方面地位一樣的重要而吳蜀由被動地位進爲主動變化最劇極力寫吳蜀諸將謀畫之周詳主將意志之堅決內中魯肅諸葛亮兩人實爲謀主特用重筆寫關鍵處在把聯軍兩部寫得力量相等以明此役得勝全由協同動作之結果敵軍方面情形不直寫全由聯軍君臣談話中表出省無數筆墨

戰時．極簡單從『火烈風猛』至『北軍大壞』僅四十八個字．

戰後．以『劉備周瑜水路並進追操』十字總結錯雜敍各方面之收束而注重曹操之斷念南攻及劉備因地勢之便以自固地位表明三分之局因此而定．

例八．淝水之役．

戰前．詳述苻堅將入寇時廷議狀況滿朝個個反對他最堅明的兄弟（陽平公融）反對最力且引故相

王猛言相警告，兒子（太子宏中山公詵）也反對，婦人（張夫人）也反對，和尚（道安）也反對，顯出苻堅此舉完全違反多數人心理。獨有慕容垂姚萇兩人慫慂他。這兩人却是他後來的仇敵，苻堅之敗，雖由淝水一役爲導火線，然結果他的實爲慕容垂姚萇，所以把他們的陰謀及其徵兆詳敘。又從陽平公融口中屢次指出，以見敗徵炳然。又述堅種種驕盈輕敵之言動，見出不是成功氣象。晉方面主將謝安雖然不知葫蘆裏賣什麼藥，但像是料敵甚審成算在胸的樣子。

戰時。寫晉軍得勝，像全屬僥倖然，因此正足證明秦軍自己取敗。

戰後。對於兩軍勝敗結果不復詳敍，便緊接苻氏與慕容氏之關係，軒然疊起大波，將觀察點移往別處。

以上所舉各例，把來綜合比較，引出我們許多研究興味。例如

(1)拿「鄢陵」和「昆陽」比較，兩篇都是敍戰時狀況極詳。鄢陵像一種歌舞劇，許多隊分途自動，像並沒有一個人爲之主體；昆陽却是光武一人唱獨脚戲（「鉅鹿」亦同）。這兩種敍法，均合戰爭原理。因爲戰爭確有純粹出於一人意志者，亦有出於羣衆心理集無數單個之事實而成者。

(2)拿「城濮」和「鄢陵」比較，城濮全是把計畫預定好，各部分按照進行；鄢陵全篇臨時變化，許多有能力的人向著一個共同目的，自動自然能互相策應。凡成功的戰事，亦確有這兩種樣式。

(3)拿「城濮」與「赤壁」比較，兩役都是聯軍。但城濮只看見晉國的動作，赤壁却是吳蜀兩國動作。聯軍確有這兩種樣式：一是由一個國做主體，其餘皆附屬；一是兩個國或兩個國以上協同做主體，不分正副。

(4)拿「韓原」和「淝水」比較兩役相同之點甚多。故敍法亦大略一致。兩役之敗者。都是由主將謬妄所致。所以詳敍這一個人的行動以明責任所歸。其餘盡皆從略。又寫勝家全屬僥倖。以明非對手之能必勝。實乃自己有必敗之道。

(5)勝敗關鍵最大者自然在兩造人物。「鉅鹿」「昆陽」兩役。對面的本來不是敵手。家裏頭又沒有幫手。所以只用全力寫項羽光武兩位。將餘人的庸劣和敵勢的浩大襯出這兩人身分。「城濮」「赤壁」兩役。雙方旗鼓相當都是人才濟濟所以對於勝的方面主要人物逐個詳寫見得非合羣策羣力不能成功。

(6)勝敗原因。係於心理方面者居其大半。用現在的話講。可以名之曰「空氣作用。」善於作戰記的人最會注重這一點。「韓原」「邲」「鄢陵」「淝水」四役的作者。全副精神全副技術都用在這處。

我所舉各例和比較。不過隨意所及舉其最顯明者。教者學者應用時。試把他引申推廣當然還有許多原則和許多實證可以發見如左傳中「殽函」「柏舉」諸役通鑑中「長平」「官渡」「玉壁」「沙苑」諸役。乃至近人著作中如魏源聖武記王闓運湘軍志之類。可供比較研究的資料很不少。所謂『神而明之存乎其人』了。

初學作文。頭一件苦於沒有材料。第二件苦於有材料不會駕馭。為學堂教授便利計。最好將正史與通鑑合讀。正史比方原料。通鑑比方已成的製造品。例如赤壁之役。材料不外三國志中孫權劉備諸葛亮魯肅周瑜五篇傳的正文及裴注。淝水之役。材料不外晉書中苻堅慕容垂姚萇三篇載記。苻融王猛謝安謝玄幾篇傳。兩方面合讀。便可以見出司馬溫公所根據的共有多少材料。許多材料中那部分要那部分不要。其去取標準何在。再看他把這許多材料如何排列。令時間空間關係一望明瞭。如何能把勝敗因果不消作者自加說明而讀者自能領會。如是講述得幾次。學者對於那篇文構造的經過自然了了。或者將正史原料檢齊交給學生。先不許他看通鑑。自行將各原料做一篇。做成之後纔叫他拿通鑑比對。自己看看不妥之點在那裏。自己還不明白時。教師便替他點出。做過幾番這種工夫。學生對於作文的大理法不會不明白了。

這種工夫做過之後。就可以將眼前事實實地教授。其題如「辛亥革命之役」「洪憲之役」……等等。每出一題。教師先行將所有材料搜集起來。盡量供給學生。或文件或口講令他們筆記記下所供給者固然應以必要的材料爲主。但不必要的也不妨加入些。試驗學生的選擇力如何。材料都擺在那裏。令他們細細的裁量駕馭排列。編成一篇文（文言白話隨意）把課卷收齊之後。教師閱過。知道他們的長短得失。到發還課卷時。令他們各各說明自己的觀察點對於材料爲什麼取這件棄那件詳這邊略那邊爲什麼把這件排列在先那件排列在後。所以要說明的因果在那幾點。然後教師評判他們的優劣。如此則學生自己先用過一番心。又聽同學的意見。又得教師的指導。做過一篇文章。便一生受用。

教師供給學生材料本來甚難。一兩個題目之後便會窮了。我有一個救濟方法。能使材料取之不竭。左傳通鑑一類書固然有許多已成的製造品但仍有許多僅屬粗製未算精製因爲他到底是編年的史書不是一篇文我們到處可以取出原料自行精製。我前文不是說過『記事文是記一組事不是記一件事』嗎。現存各史中便有許多事一件一件散列未經人編製成組的。我們很可以借來作學文資料。試仍就戰爭方面隨手舉些例題。

題一。記春秋晉楚之交兵始末。

題二。記春秋晉秦交兵始末。

題三。記春秋吳楚交兵始末。

題四。記戰國秦魏交兵始末。

這些事都是以好幾十年或幾百年爲起訖。事蹟都散在全部左傳或史記中。許多次戰爭合成一組。例如「城濮」「邲」「鄢陵」三役固然各自獨立成組。但在「晉楚交兵始末」這個題目之下便成了全組之一局部。想敍明全組事實。要另有結構方法

題五。記秦滅六國。

題六。記劉項之戰。

題七。記唐太宗削平羣雄。

前四題是時間占得長。這三題是空間占得廣。要之同是許多事合成一大組。前三題以一定的地爲組織中心控制時間。後三題以一定的人爲組織中心控制空間。

題八。記漢攘匈奴。

題九。記唐滅高麗。

題十。記明代倭寇。

這三題和一至四之前四題性質雖大略相同．但前四題須兩面並重．這三題須側重對手方面．

以上不過隨舉幾題爲例．在各史中找這種題目．可以找出幾十個．若範圍擴到戰事以外．可以找幾百個．用這種題目的特別好處．在材料齊備．教師不至以窮於供給爲苦．

這種題目的作法．自然和記單個戰役不同．而且較難．但構造原則．仍是一樣．主要目的．在說明勝敗因果．但勝敗要算總帳．或一勝一敗．或兩無勝敗．通盤看定之後．想法子敍出其所以然．時間空間的整理．尤爲重要．題一至題四．應以時間爲主．以空間爲輔．因爲以空間爲輔．不妨將空間雙方之位置形勢先行敍出．以後便注全力敍時間的變化．如記晉楚交兵始末．便將兩國疆域及交戰初期兩國對峙大勢提前敍明．題五至題七．應以空間爲主．時間爲輔．因爲以時間爲輔．不妨將時間經過先行敍出．如記唐太宗削平羣雄．可以將某年平某處逐個先敍．表出所費時間共若干．進行次第如何．再騰出工夫把空間各部分情形分敍．這不過我隨便舉出作法之一種．并非說必要如此．總之時間空間要酌量輕重分頭整理．算是不易的原則．這種文章．因爲頭緒紛繁．要弄得清晰．莫妙於作表．有表便可以大小事都無遺漏．而文章又不至累墜．表不外表時間．表空間．表時間以年表的形式行之．表空間以圖譜的形式行之．

敍事時自不能如單個戰役．把各人言論動作多敍．但對於勝敗總帳關係最大的一兩役．也不妨詳敍．總之行文詳略．要跟着主要目的去斟酌．像畫畫要有濃淡凸凹．唱歌要有疾徐高下．最忌把文章做成一個平面．

這種題目．須學生作文程度稍高時．乃能應用．到能用時．却極有益．因爲訓練學者經過這類訓練．心思便日趨縝密．會綜合．會分析．會剪裁．會佈置．將來打算當著述家．固然非多經這類工夫不可．卽做任何事業．亦可以成爲一位有條理的人。

學校教授總要求各門功課互相聯絡。若用這種方法教作文。便與歷史地理兩門生極密的聯絡。上課固然如此。自習也是如此。

十

戰記是記載文中最難作的。所以我舉例較詳。學者學會作戰記。別的文自然越發駕輕就熟了。但講授不妨從最難的入手。學作應該從最易的入手。已經懂得前文所講種種理法。那麼作普通記載文自然隨處皆可以應用。爲教學便利起見。最好令學生將日常經歷的事或現在大事爲他們耳聞日見的。用筆記體或論文體隨時學作。最要牢記者。仍不外我從前說的求眞求達兩句話。事蹟要眞。寫出來還要逼眞。務要完全達出自己所想講的。有時雖很瑣碎很累墜也不避。這類模範文古今很不少。今但舉記大事的記小事 各一篇爲例。

例一。記大事的。 漢書霍光傳記廢昌邑王事。

這篇記載要分兩層看。一層是請廢昌邑王的奏疏。二層是全部事實。奏疏也是一篇記載文——內中雖有判斷語。然而判斷根據事實。所以敍事占全文十之八。這篇奏疏的記載已極可學。他敍昌邑過失。沒有一句空泛話。因爲過失太多。不能逐一臚列。所以總結一句『受璽以來二十七日。使者旁午。持節詔諸官署徵發凡千一百二十七事。』但前文擇敍十幾件重大事。都是有名姓有時刻有地點的實蹟。每件很細碎的地方都說到。因爲不如此便不眞了。至於全部事實敍述法。廢立動機。因昌邑失德。自然該首敍失德實情。因爲下文有這篇奏疏所以一概省略但用『卽位行淫亂光憂㦍』八字了之事之斷行田延年功最多所以敍未央宮會議時把延年神氣寫得十足臨廢立時寫皇太后御正殿走的那條路穿的什麼衣服殿上殿下儀仗如何各人怎樣依次上殿寫得十分莊重森嚴。

十一

用文字發表自己意見希望別人從我這種文叫做論辯文論辯文有五種。

一說諭　對於特定的一個人或一部分發表自己意見勸他服從某種道理或做某件事如命令佈告或與人論事的公私函札之類皆是。

二倡導　標舉一種學說主張一種政策堂堂正正豎起旗幟聽衆人研究論難凡學術上之著作政治社會上之建議皆屬此類。

三剖釋　對於一件事理以及自己或別人所倡導之說詳細解剖說明題目形式爲說某某、釋某某、某某考、某某解等類這類文字和前頭所講記載文第一種像有點相混其不同處彼注重客觀的敍述此注重主觀的解釋。

四質駁　把別人所說諭倡導剖釋的質問他駁難他——內中尤以對於倡導的爲最多其形式或著一部書或作一篇文或寄一封信等等被質駁的人再反質反駁也屬這類。

五批評　對於別人的言論動作自己立於第三者地位批評他這類文大抵兼含有倡導質駁兩種性質其

與倡導之文不同處因爲他不採主動的態度其與質駁之文不同處因爲他幷非專與所批評者相反對其種類或批評一個人或批評一件事或批評一種學說……等等

無論做何種論辯文最要緊的兩個條件

一、耐駁

二、動聽

耐駁是經得起和人辯駁因明頌說『能立與能破及似能立似唯悟他』凡作一篇論辯文目的不外在令別人覺悟（悟他）如何才能令別人覺悟要我自己所說的站得住（能立）而且能把別人所說駁倒（能破）若像站得住而實站不住（似能立）我所立便被人破了像駁得倒而實駁不倒（似能破）我所破便依然立了自己立一說總要預備人家來駁自己駁人家總要預備人家再反駁所以中國古代有所謂「名學」印度有所謂「因明」西洋有所謂「邏輯」都是說思想和辯論的法則研究怎麼樣才能立能破我們統名之爲「思辯學」（舊譯爲論理學）凡作論辯文斷不許違背思辯學的法則凡當作文敎授的人最少要懂得思辯學的大概

思辯學是一種專門非本講義範圍所應及但爲說明便利起見不妨擇最要關鍵一講思辯學的推理方法有兩種先知道一個普偏原則然後用這原則去推論他所包含的那一類事物之任何部分叫做演繹推理亦叫做形式的思辯學先觀察一類事物中之各部分根據各個實例求出普偏原則叫做歸納推理亦叫做實質的思辯學想做成一篇能立能破的論辯文這兩種推理方法都要應用

凡文章不外積辭成句積句成段積段成篇要辭與辭相待句與句相覆段與段相銜中間不漏出破綻便是形式上的佳文這幾句話看來容易實際上便許多大文家也會鬧亂子試把衆人共讀的孟子舉幾個例講辭吧辭所以表明辯論對象的性質和範圍一定要在同一性質範圍內纔有彼此辯論之餘地孟子主張性善有人質問他他回答道『乃若其情則可以爲善矣乃所謂善也若夫爲不善非才之罪也』這段話便把辭弄得一塌糊塗到底是性善呀還是情善還是才善呢性情才是一呀還是二呢講句吧合兩個以上的辭成一句非把辭的關係弄正確句子不會構成孟子說『墨氏兼愛是無君也』兼愛和無君怎麼會生出聯絡這便是不成句講段吧段要上下句文氣相銜接有人問孟子『堯以天下與舜有諸』孟子答道『否天子不能以天下與人』比方有人問你『張三是否殺人』你答道『不是凡人都不該殺人』這便是所答非所問在文章裏頭叫做不成片段以上所舉三個例或屬形式的錯誤或屬性質的錯誤要之不合思辯學法則爲文家大忌我幷非故意尋孟子開心不過把人人讀過的書爲例見得思辯法則之不能不講罷了

演繹推理最簡要的形式是用三句積疊成段第一句叫做大前提第二叫做小前提第三句叫做斷案例如

一凡生物終須要死——大前提

二我和你都是生物——小前提

三所以我和你終須要死——斷案

凡論辯文無論短至十幾個字長至幾萬字總不外用這三層組織成文如賈誼過秦論是很長的一篇大文他最後結出斷案道『……者何也仁義不施而攻守之勢異也』我們試把思辯形排列出來其實不外三句

一、守國要用仁義——大前提
二、秦不以仁義守國——小前提
三、所以秦國不能守——斷案

一篇長文、不外由許多這種形式的三句積疊而成。總要三句用得不錯。這篇文才算沒有形式的毛病。

十二

今請總論教學法概要來做這回講義的結束。

第一、須將各類文分期講授。不可同時東講一篇西講一篇。因爲各類文作法不同。要令學者打通一關再進一關。每一學期專講一類文。那麼教師精力也集中。學生興味也集中。進步自然會事半功倍。最好每年前學期授記載文。後學期授論辯文。年年相間。兩種文中又各各分類。由淺入深。由易入難。例如記載文先授記靜態者。後授記動態者。動態之中先授一人或少數人一時或短時的動態。最後才授許多人許多時的動態。論辯文先授倡導一類。次授考證質駁批評等類。各類中先授單純問題的論辯。最後才授複雜問題的論辯。

第二、每一個學期開始之時。先要有一兩堂講演式的教授。把本學期所講那類文作法的重要原則簡單說明。令學生得著個概念來做自習的預備。

第三、講授時萬不可拿一篇文來逐字逐句逐段解釋。因爲中學學生。多少已經有自讀古文的學力。把他們已懂得刺刺不休來講。徒令他們生厭。而且時間也太不經濟。所以只有指定若干篇文令他們先行閱讀。——自修室的用功時間最少要與講堂時間平分。大概平均每兩星期指定五六篇文爲一組的教材。——那文都是要同類的。令學生自行細看看每篇作法的要點在那裏。各篇比較異同何在。到上堂時。先用討論式的敎授。令學生各人把自己所見到的說出。一堂討論不完留待下堂。約摸以兩星期把這一組討論完。學生看錯的或看不到的。敎師隨時指導。最後敎師把全組各篇綜合講一次。說明自己的觀察。便算講完這種辦法。學生對於這一組的文章最少經過三四次心。而且多半是自動的。算是把這一組文眞讀通了。聰明的學生。一定有多少發明。不惟自己得益。當討論時。或者連敎師都會敎學相長哩。每一學期能照這樣的講授四五組。中學畢業下來。學生總有好幾百篇文經過目經過心。再沒有不會作文的了。

第四。選擇教材的標準。雖然不必過於拘泥。但最少有幾種舊習氣要消極的排斥。一綺靡之文——如專尚辭藻的駢體。二矯揉之文——如八家末流貌爲古調者。三空泛之文——凡帶帖括氣者。大抵記載文宜多選左傳四史通鑑及好的遊記好的書目提要等等。論辯文宜多選周秦諸子。秦漢以後則多選專論一個切實問題者——例如揚雄諫不受單于朝賈捐之論罷珠厓江統論徙戎之類。像什麼六國論留侯論等文便是帖括氣。萬不可取。

第五。出題目令學生作文萬不可過多。依我看每個學期兩回——最多三回足彀了。課卷不必在講堂上做。因爲我們辦的是學校。不該叫學生過考棚的生活。做一篇文章要給他們充分的時間去採集資料考量組織。然後做一篇得一篇的益處。亦正惟如此。所以不能作得過多。

第六。課題要確實。要有範圍。記載文題最好是學生身歷或耳聞目見的事蹟。物件。或地方。除此以外。便要敎師供給他們資料——供給或口授或指定文件論辯文題須是一個切實問題最好是學生直接感利害者最好是一個問題有兩面理由容得彼此主張辨駁之餘地者至於歷史上無關痛癢的文題——如「項羽論」「井田論」之類空泛無邊際的文題——如「中國宜亟圖自强論」「民生在勤說」之類皆當屏斥

第七除出題考課之外最好令學生每月作一條以上的箚記或用記載體記日常經歷的事或用論辯體寫自己對於一個問題的感想這種方法可以養成他們自動的進步

第八作的文文言白話隨意

飲冰室專集之七十一

國學入門書要目及其讀法

序

兩月前淸華週刊記者以此題相屬。蹉跎久未報命。頃獨居翠微山中。行篋無一書。而記者督責甚急。乃竭三日之力。專憑憶想所及草斯篇。漏略自所不免。且容有並書名篇名亦憶錯誤者。他日更當補正也。

中華民國十二年四月二十六日啓超作於碧摩巖攬翠山房

國學入門書要目及其讀法

目次

飲冰室專集之七十一

國學入門書要目及其讀法

(甲)修養應用及思想史關係書類

論語　孟子

論語爲二千年來國人思想之總源泉。孟子自宋以後勢力亦與相埒。此二書可謂國人內的外的生活之支配者。故吾希望學者熟讀成誦。即不能。亦須翻閱多次。務略舉其辭。或摘記其身心踐履之言以資修養。

論語孟子之文。並不艱深。宜專讀正文。有不解處。方看注釋。注釋之書。朱熹四書集註。爲其生平極矜愼之作。可讀。但其中有墮入宋儒理障處。宜分別觀之。淸儒注本。論語則有戴望論語注。孟子則有焦循孟子正義最善。戴氏服膺顏習齋之學。最重實踐。所注似近孔門眞際。其訓詁亦多較朱注爲優。其書簡絜易讀。焦氏服膺戴東原之學。其孟子正義在淸儒諸經新疏中爲最佳本。但文頗繁。宜備置案頭。遇不解時。或有所感時。則取供參考。

戴震孟子字義疏證。乃戴氏一家哲學。並非專爲注釋孟子而作。但其書極精闢。學者終須一讀。最好是於讀孟子時並讀之。旣知戴學綱領。亦可以助讀孟子之興味。

焦循論語通釋。乃摹仿孟子字義疏證而作。將全部論語拆散。標準重要諸義。如言仁。言忠恕……等。列爲若干目。通觀而總詮之。可稱治論語之一良法且可應用其法以治他書。

右兩書篇葉皆甚少。易讀。

陳澧東塾讀書記中讀孟子之卷。取孟子學說分項爬梳。最爲精切。其書不過二三十葉。宜一讀以觀前輩治學方法且於修養亦有益

易經

此書爲孔子以前之哲學書。孔子爲之注解。雖奧衍難究。然總須一讀。吾希望學者將繫辭傳文言傳熟讀成誦。其卦象傳六十四條。則用別紙鈔出。隨時省覽。

後世說易者言人人殊。爲修養有益起見。則程頤之程氏易傳差可讀。

說易最近眞者。吾獨推焦循。其所著雕菰樓易學三書「易通釋。易圖略。易章句。」皆稱精詣。學者如欲深通此經。可取讀之。否則可以不必。

禮記

此書爲戰國及西漢之「儒家言」叢編。內中有極精純者。亦有極破碎者。吾希望學者將中庸大學禮運樂記四篇熟讀成誦。曲禮王制檀弓禮器學記坊記表記緇衣儒行大傳祭義祭法鄉飲酒義諸篇。多瀏覽數次。且摘錄其精要語。

若欲看注解。可看十三經注疏內鄭注孔疏。

孝經之性質與禮記同。可當禮記之一篇讀。

老子

道家最精要之書。希望學者將此區區五千言熟讀成誦。

注釋書未有極當意者。專讀白文自行尋索為妙。

墨子

孔墨在先秦時。兩聖並稱。故此書非讀不可。除備城門以下各篇外。餘篇皆宜精讀。

注釋書以孫詒讓墨子間詁為最善。讀墨子宜即讀此本。

經上下經說上下四篇。有張惠言墨子經說解及梁啓超墨經兩書可參觀。但皆有未精愜處。小取篇有胡適新詁可參觀。

梁啓超墨子學案。屬通釋體裁。可參觀助興味。但其書為臨時講義。殊未精審。

莊子

內篇七篇及雜篇中之天下篇最當精讀。注釋有郭慶藩之莊子集釋差可。

荀子

解蔽正名天論正論性惡禮論樂論諸篇最當精讀。餘亦須全部瀏覽。

注釋書王先謙荀子注甚善。

尹文子　慎子　公孫龍子

今存者皆非完書。但三子皆為先秦大哲。雖斷簡亦宜一讀。篇帙甚少。不費力也。公孫龍子之眞僞。尚有問題。

三書皆無善注。尹文子愼子易解。

韓非子

法家言之精華。須全部瀏覽。（其特別應精讀之諸篇。因手邊無原書。臚舉恐遺漏。他日補列。）

注釋書王先謙韓非子集釋差可。

管子

戰國末年人所集著者。性質頗雜駁。然古代各家學說存其中者頗多。宜一瀏覽。　注釋書戴望管子校正甚好。

呂氏春秋

此爲中國最古之類書。先秦學說存其中者頗多。宜瀏覽。

淮南子

此爲秦漢間道家言薈萃之書。宜稍精讀。　注釋書聞有劉文典淮南鴻烈集解頗好。

春秋繁露

此爲西漢儒家代表的著作。宜稍精讀。

注釋書有蘇輿春秋繁露義證頗好。

康有爲之春秋董氏學。爲通釋體裁。宜參看。

鹽鐵論

此書爲漢代儒家法家對於政治問題對壘抗辯之書。宜瀏覽。

論衡
此書爲漢代懷疑派哲學宜瀏覽。
抱朴子
此書爲晉以後道家言代表作品宜瀏覽。
列子
晉人僞書可作魏晉間玄學書讀。
右所列爲漢晉以前思想界之重要著作六朝隋唐間思想界著光采者爲佛學其書目當別述之以下舉宋以後學術之代表書但爲一般學者節嗇精力計不願多舉也。
近思錄　朱熹著　江永註
讀此書可見程朱一派之理學其內容何如。
朱子年譜附朱子論學要語　王懋竑著
此書敍述朱學全面目最精要有條理。
若欲研究程朱學派宜讀二程遺書及朱子語類非專門斯業者可置之。
南宋時與朱學對峙者尙有呂東萊之文獻學一派陳龍川葉水心之功利主義一派及陸象山之心學一派欲知其詳宜讀各人專集若觀大略可求諸宋元學案中。
傳習錄　王守仁語徐愛錢德洪等記

讀此可知王學梗概。欲知其詳，宜讀王文成公全書。因陽明以知行合一爲教，要合觀學問事功，方能看出其全部人格。而其事功之經過，具見集中各文，故陽明集之重要，過於朱陸諸集。

明儒學案　黃宗羲著

宋元學案　黃宗羲初稿　全祖望王梓材兩次續成

此二書爲宋元明三朝理學之總記錄，實爲創作的學術史。明儒學案中姚江江右王門泰州東林蕺山諸案最精善。宋元學案中象山案最精善，横渠二程東萊龍川水心諸案亦好，晦翁案不甚好，百源（邵雄）涑水（司馬光）諸案失之太繁，反不見其眞相。末附荆公（王安石）新學略最壞，因有門戶之見，故爲排斥。欲知荆公學術，宜看王臨川集。

此二書卷帙雖繁，吾總望學者擇要瀏覽。因其爲六百年間學術之總匯，影響於近代甚深，且彙諸家爲一編，讀之不甚費力也。

清代學術史，可惜尙無此等佳著。唐鑑之國朝案小識，以清代最不振之程朱學派爲立脚點，褊狹固陋，萬不可讀。江藩之國朝漢學師承記、國朝宋學淵源記，亦學案體裁，較好。但江氏學識亦凡庸，殊不能敍出各家獨到之處。萬不得已，姑以備參考而已。啓超方有事於清儒學案，汗靑尙無期也。

日知錄　亭林文集　顧炎武著

顧亭林爲清學開山第一人。其精力集注於日知錄，宜一瀏覽。讀文集中各信札，可見其立身治學大概。

明夷待訪錄　黃宗羲著

黃梨洲爲清初大師之一。其最大貢獻在兩學案。此小册可見其政治思想之大概。

思問錄　王夫之著

王船山爲清初大師之一。非通觀全書。不能見其精深博大。但卷帙太繁。非別爲系統的整理。則學者不能讀。聯舉此書發凡。實不足以代表其學問之全部也。

顏氏學記　戴望編

顏習齋爲清初大師之一。戴氏所編學記。頗能傳其眞。徐世昌之顏李學。亦可供參考。但其所集習齋語要。恕谷（李塨）語要。將攻擊宋儒語多不錄。稍失其眞。

顧黃王顏四先生之學術。爲學者所必須知。然其著述皆浩博。或散佚。不易尋繹。啓超行將爲系統的整理記述。以餉學者。

東原集　戴震著

雕菰樓集　焦循著

戴東原焦里堂爲清代經師中有精深之哲學思想者。讀其集可知其學。並知其治學方法。

啓超所擬著之清儒學案東原里堂學兩案。正在屬稿中。

文史通義　章學誠著

此書雖以文史標題。實多論學術流別。宜一讀。胡適著章實齋年譜。可供參考。

大同書　康有爲著

南海先生獨創之思想在此書曾刊於不忍雜誌中。

國故論衡　章炳麟著

可見章太炎思想之一斑。其詳當讀章氏叢書。

東西文化及其哲學　梁漱溟著

有偏宕處。亦有獨到處。

中國哲學史大綱上卷　胡適著

先秦政治思想史　梁啓超著

將讀先秦經部子部書。宜先讀此兩書。可引起興味。並啓發自己之判斷力。

清代學術概論　梁啓超著

欲略知清代學風。宜讀此書。

(乙)政治史及其他文獻學書類

尙書

內中惟二十八篇是眞書。宜精讀。但其文佶屈聱牙。不能成誦亦無妨。餘篇屬晉人僞撰。一瀏覽便足。(眞僞篇目看啓超所著古書之眞僞及其年代。日內當出版。)

此書非看注釋不能解。注釋書以孫星衍之尙書今古文注疏爲最好。

逸周書

此書眞僞參半。宜一瀏覽。

注釋書有朱右曾逸周書集訓校釋頗好。

竹書紀年

此書現通行者爲元明人僞撰。其古本。淸儒輯出者數家。王國維所輯最善。

國語　春秋左氏傳

此兩書或本爲一書。由西漢人析出。宜合讀之。　左傳宜選出若干篇熟讀成誦。於學文甚有益。讀左傳宜參觀顧棟高春秋大事表。可以得治學方法。

戰國策

宜選出若干篇熟讀。於學文有益。

周禮

此書西漢末晚出。何時代人所撰。尙難斷定。惟書中制度。當有一部分爲周代之舊。其餘亦戰國秦漢間學者理想的產物。故總宜一讀。

注釋書有孫詒讓周禮正義最善。

考信錄　崔述著

此書考證三代史事實最謹嚴。宜一瀏覽。以爲治古史之標準。

資治通鑑

此爲編年政治史最有價值之作品。雖卷帙稍繁。總希望學者能全部精讀一過。若苦乾燥無味。不妨仿春秋大事表之例。自立若干門類。標治摘記。作將來著述資料。（吾少時曾用此法。雖無成書。然增長興味不少。）

王船山讀通鑑論。批評眼光。頗異俗流。讀通鑑時取以並讀。亦助興之一法。

續資治通鑑　畢沅著

此書價值遠在司馬原著之下。自無待言。無視彼更優者。姑以備數耳。或不讀正資治通鑑而讀九種紀事本末。亦可。要之非此則彼。必須有一書經目者。

文獻通考　續文獻通考　皇朝文獻通考

三書卷帙浩繁。今爲學者摘其要目。田賦考。戶口考。職役考。市糴考。征榷考。國用考。錢幣考。兵考。刑考。經籍考。四裔考。不必讀。王禮考。封建考。象緯考。絕對不必讀。其餘或讀或不讀隨人。（手邊無原書。不能具記其目。有漏略。當校補。）

各人宜因其所嗜。擇類讀之。例如欲硏究經濟史財政史者。則讀前七考。餘仿此。

馬氏文獻通考。本依仿杜氏通典而作。若尊創作。應舉通典。今舍彼取此者。取其資料較豐富耳。吾輩讀舊史。所貴者惟在原料。鑪錘組織。當求之在我也。

兩漢會要。唐會要。五代會要。可與通考合讀。

通志二十略。

鄭漁仲史識史才皆邁尋常。通志全書卷帙繁。不必讀。二十略則其精神所聚。必須瀏覽。其中與通考門類同者或可省。最要者氏族略六書略七音略校讎略等篇。

二十四史。

通鑑通考已浩無涯涘。更語及彪大之二十四史。學者幾何不望而却走。然而二十四史終不可不讀。其故有二。（一）現在既無滿意之通史。不讀二十四史。無以知先民活動之遺跡。（二）假令雖有佳的通史出現。然其書自有別裁。二十四史之原料。終不能全行收入。以故二十四史終久仍爲國民應讀之書。

書既應讀。而又浩瀚難讀。則如之何。吾今試爲學者擬摘讀之法數條。

一曰就書而摘。史記漢書後漢書三國志。俗稱四史。其書皆大史學家一手著述。體例精嚴。且時代近古。向來學人誦習者衆。在學界之勢力與六經諸子埒。吾輩爲常識計。非一讀不可。吾希望學者將此四史之列傳。全體瀏覽一過。仍摘出若干篇稍爲熟誦。以資學文之助。因四史中佳文最多也。（若欲吾舉其目亦可。但手邊無原書。當以異日。）四史之外。則明史共認爲官修書中之最佳者。且時代最近。亦宜稍爲詳讀。

二曰就事分類而摘讀志。例如欲研究經濟史財政史。則讀平準書食貨志。欲研究音樂。則讀樂書樂志。欲研究兵制。則讀兵志。欲研究學術史。則讀藝文志經籍志。附以儒林傳。欲研究宗教史。則讀北魏書釋老志。（可惜他史無之。）每研究一門。則通各史此門之志而讀之。且與文獻通考之此門合讀。當其讀時。必往往發見許多資料散見於各傳者。隨即跟蹤調查其傳以讀之。如此引申觸類。漸漸便能成爲經濟史宗教史……等等之長編。

將來薈萃整而理之便成著述矣。

三曰就人分類而摘讀傳。讀名人傳記。最能激發人志氣。且於應事接物之智慧。增長不少。古人所以貴讀史者以此。全使各傳既不能徧讀。（且亦不必）則宜擇偉大人物之傳讀之。每史亦不過二三十篇耳。此外又可就其所欲研究者而擇讀。如欲研究學術史則讀儒林傳及其他學者之專傳。欲研究文學史則讀文苑傳及其他文學家之專傳。用此法讀去。恐只患其少不患其多矣。

又各史之外國傳蠻夷傳土司傳等。包含種族史及社會學之原料最多。極有趣。吾深望學者一讀之。

二十二史箚記　趙翼著

學者讀正史之前。吾勸其一瀏覽此書。記稱「屬辭比事春秋之敎。」此書深得「比事」之訣。每一個題目之下。其資料皆從幾十篇傳中。零零碎碎覓出。如採花成蜜。學者能用其法以讀史。便可養成著述能力。（內中校勘文字異同之部約占三分一。不讀亦可。）

聖武記　魏源著

國朝先正事略　李元度著

清朝一代史蹟。至今尚無一完書可讀。最爲遺憾。姑舉此二書充數。魏默深有良史之才。聖武記爲紀事本末體裁。敍述綏服蒙古勘定金川撫循西藏……諸役。於一事之原因結果及其中間進行之次序。若指諸掌。實罕見之名著也。李次青之先正事略。道光以前人物略具。文亦有法度。宜一瀏覽以知最近二三百年史蹟大概。

日本人稻葉君山所著清朝全史尚可讀。（有譯本）

讀史方輿紀要　顧祖禹著
此爲最有組織的地理書其特長在專論形勢以地域爲經以史蹟爲緯讀之不感乾燥。
此書卷帙雖多專讀其敍論（至各府止）亦不甚費力且可引起地理學興味。
史通　劉知幾著
此書論作史方法頗多特識宜瀏覽章氏文史通義性質略同範圍較廣已見前。
中國歷史研究法　梁啓超著
讀之可增史學興味且知治史方法。

（丙）韻文書類

詩經
希望學者能全部熟讀成誦卽不爾亦須一大部分能舉其詞注釋書陳奐詩毛氏傳疏最善。
楚辭
屈宋作宜熟讀能成誦最佳其餘可不讀注釋書朱熹楚辭集註較可。
文選
擇讀
樂府詩集　郭茂倩編

專讀其中不知作者姓名之漢古辭以見魏六朝樂府風格其他不必讀。
魏晉六朝人詩宜讀以下各家。
曹子建　阮嗣宗　陶淵明　謝康樂　鮑明遠　謝玄暉
無單行集者可用張溥漢魏百三家集本或王闓運五代詩選本。
李太白集　杜工部集　王右丞集　孟襄陽集　韋蘇州集　高常侍集　韓昌黎集
柳河東集　白香山集　李義山集　王臨川集（詩宜用李壁注本）
蘇東坡集　元遺山集　陸放翁集
以上唐宋人詩文集
唐百家詩選　王安石選
宋詩鈔　呂留良鈔
以上唐宋詩選本
淸眞詞（周美成）　醉翁琴趣（歐陽修）　東坡樂府（蘇軾）　屯田集（柳永）
淮海詞（秦觀）　樵歌（朱敦儒）　稼軒詞（辛棄疾）　後村詞（劉克莊）
白石道人歌曲（姜夔）　碧山詞（王沂孫）　夢窗詞（吳文英）
以上宋人詞集
西廂記　琵琶記　牡丹亭　桃花扇　長生殿

以上元明清人曲本

本門所列書專資學者課餘諷誦。陶寫情趣之用。既非爲文學專說家法。尤非爲治文學史者說法。故不曰文學類。而曰韻文類。文學範圍最少應包含古文（駢散文）及小說。吾以爲苟非欲作文學專家。則無專讀小說之必要。至於古文本不必別學。吾輩總須讀周秦諸子左傳國策四史通鑑。及其關於思想關於記載之著作。苟能多讀。自能屬文。何必格外標舉一種。名曰古文耶。故專以文鳴之文集不復錄。（其餘學問有關係之文集。散見各門。）文選。及韓柳王集聊附見耳。學者如必欲就文求文。無已。則姚鼐之古文辭類纂李兆洛之駢體文鈔曾國藩之經史百家雜鈔可用也。

清人不以韻文見長。故除曲本數部外。其餘詩詞皆不復列舉。無已。則於最初期與最末期各舉詩詞家一人。吳偉業之梅村詩集與黃遵憲之人境廬詩集。成德之飲水詞與文焯之樵風樂府也。

（丁）小學書及文法書類

說文解字注　段玉裁著

說文通訓定聲　朱駿聲著

說文釋例　王筠著

段著爲說文正註。朱注明音與義之關係。王著爲說文通釋。讀此三書。略可通說文矣。

經傳釋詞　王引之著
古書疑義舉例　俞樾著
文通　馬建忠著
讀此三書可知古人語法文法。
經籍纂詁　阮元書
此書彙集各字之義訓。宜置備檢查。
文字音韻爲清儒最擅之學。佳書林立。此僅舉入門最要之數種。若非有志研究斯學者。並此諸書不讀。亦無妨耳。

(戊)隨意涉覽書類

學問固貴專精。又須博涉以輔之。況學者讀書尙少時。不甚自知其性所近者爲何。隨意涉獵。初時並無目的。不期而引起問題。發生趣味。從此向某方面深造研究。遂成絕業者。往往而有也。吾固雜舉有用或有趣之各書。供學者自由繙閱之娛樂。
讀此者不必順葉次。亦不必求終卷也。(各書亦隨憶想所雜舉。無復詮次。)
四庫全書總目提要
淸乾隆間四庫館。董其事者皆一時大學者。故所作提要。最稱精審。讀之可略見各書內容。(中多偏至語自亦不能免）宜先讀各部類之敍錄．其各書條下則隨意抽閱．

有所謂存目者．其書被屏．不收入四庫者也．內中頗有怪書．宜稍注意讀之．

世說新語

將晉人談玄語分類纂錄．語多雋妙．課餘暑假之良伴侶．

水經注　酈道元撰　戴震校

六朝人地理專書．但多描風景．記古蹟．文辭華妙．學作小品文最適用．

文心雕龍　劉勰撰

六朝人論文書．論多精到．文亦雅麗．

大唐三藏慈恩法師傳　慧立撰

此爲玄奘法師詳傳．玄奘爲第一位留學生．爲大思想家．讀之可以增長志氣．

徐霞客游記

霞客晚明人．實一大探險家．其書極有趣．

夢溪筆談　沈括

宋人筆記中含有科學思想者．

困學紀聞　王應麟撰　閻若璩註

宋人始爲考證學者．顧亭林日知錄頗仿其體．

通藝錄　程瑤田撰

清代考證家之博物書。

癸巳類稿　俞正燮撰

多爲經學以外之考證。如考棉花來歷。考婦人纏足歷史。輯李易安事蹟等。又多新穎之論。如論妬非婦人惡德等。

東塾讀書記　陳澧撰

此書僅五册。十餘年乃成。蓋合數十條筆記之長編。乃成一條筆記之定稿。用力最爲精苦。讀之可識搜集資料。及駕馭資料之方法。書中論鄭學。論朱學。論諸子。論三國諸卷最善。

庸盦筆記　薛福成

多記清咸豐同治間掌故。

張太岳集　張居正

江陵爲明名相。其信札益人神智。文章亦美。

王心齋先生全書　王艮

吾常名心齋爲平民的理家學。其人有生氣。

朱舜水遺集　朱之瑜

舜水爲日本文化之開闢人。唯一之國學輸出者。讀之可見其人格。

李恕谷文集　李塨
恕谷爲習齋門下健將。其文勁達。
鮚琦亭集　全祖望
集中記晚明掌故甚多。
潛研堂集　錢大昕
竹汀在淸儒中最博洽者。其對倫理問題。亦頗有新論。
述學　汪中
容甫爲治諸子學之先登者。其文格在漢晉間。極遒美。
洪北江集　洪亮吉
北江之學長於地理。其小品駢體文。描寫景物。美不可言。
定盦文集　龔自珍
吾少時心醉此集。今頗厭之。
曾文正公全集　曾國藩
胡文忠公集　胡林翼
右二集信札最可讀。讀之見其治事條理及朋友風義。曾滌生文章尤美。桐城派之大成。
苕溪漁隱叢話　胡仔

叢話中資料頗豐富者。

詞苑叢談　徐釚

唯一之詞話。頗有趣。

語石　葉昌熾

以科學方法治金石學。極有價值。

書林清話　葉德輝

論列書源流及藏書掌故。甚好。

廣藝舟雙楫　康有爲

論寫字。極精博。文章極美。

劇說　焦循

宋元戲曲史　王國維

二書論戲劇。極好。

既謂之涉覽。自然無書不可涉。無書不可覽。本不能臚舉書目。若舉之非累數十紙不可。右所列不倫不類之冢冢十餘種。隨雜憶所及當坐譚耳。若繩以義例。則笑絕冠纓矣。

附錄一　最低限度之必讀書目

右所列五項，倘能依法讀之，則國學根柢略立，可以爲將來大成之基矣。惟青年學生校課既繁，所治專門別有在，恐仍不能人人按表而讀。

今再爲擬一眞正之最低限度如下

四書　易經　書經　詩經　禮記　左傳　老子　墨子　莊子　荀子　韓非子　戰國策　史記　漢書　後漢書　三國志　資治通鑑　（或通鑑紀事本末）　宋元明史紀事本末　楚辭　文選　李太白集　杜工部集　韓昌黎集　柳河東集　白香山集　其他詞曲集，隨所好選讀數種。

以上各書，無論學鑛學工程學……皆須一讀，若並此未讀，眞不能認爲中國學人矣。

附錄二　治國學雜話

學生做課外學問是最必要的。若只求講堂上功課及格。便算完事。那麼。你進學校。只是求文憑。並不是求學問。你的人格先已不可問了。再者此類人一定沒有「自發」的能力。不特不能成爲一個學者。亦斷不能成爲社會上治事領袖人才。

課外學問自然不專指讀書。如試驗。如觀察自然界。……都是極好的。但讀課外書。最少要算課外學問的主要部分。

一個人總要養成讀書趣味。打算做專門學者。固然要如此。打算做事業家。也要如此。因爲我們在工廠裏在公司裏在議院裏。……做完一天的工作出來之後隨時立刻可以得着愉快的伴侶。莫過於書籍。莫便於書籍。但是將來這種愉快得着得不着。大概是在學校時代已經決定。因爲必須養成讀書習慣。纔能嘗着讀書趣味。人生一世的習慣。出了學校門限。已經鐵鑄成了。所以在學校中不讀課外書。以養成自己自動的讀書習慣。這個人簡直是自己剝奪自己終身的幸福。

讀書自然不限於讀中國書。但中國人對於中國書。最少也該和外國書作平等待遇。你這樣待遇他。他給回你的愉快報酬。最少也和讀外國書所得的有同等分量。

中國書沒有整理過。十分難讀。這是人人公認的。但會做學問的人。覺得趣味就在這一點。吃現成飯。是最沒有意思的事。是最沒有出息的人纔喜歡的。一種問題。被別人做完了四平八正的編成教科書樣子給我讀。讀去自然是毫不費力。但從這不費力上頭結果。便令我的心思不細緻不刻入。專門喜歡讀這類書的人。久而久之。會把自己創作的才能汩沒哩。在紐約芝加哥筆直的馬路嶄新的洋房裏舒舒服服混一世。這個人一定是過的毫無意味的平庸生活。若要過有意味的生活。須是哥侖布初到美洲時。

中國學問界。是千年未開的礦穴。礦苗異常豐富。但非我們親自絞腦筋絞汗水。却開不出來。翻過來看。只要你絞一分腦筋一分汗水。當然還你一分成績。所以有趣。

所謂中國學問界的礦苗。當然不專指書籍。自然界和社會實況。都是極重要的。但書籍爲保存過去原料之一種寶庫。且可爲現在各實測方面之引線。就這點看來。我們對於書籍之浩瀚。應該歡喜謝他。不應該厭惡他。因爲我們的事業比方要開工廠。原料的供給。自然是越豐富越好。

讀中國書。自然像披沙揀金。沙多金少。但我們若把他作原料看待。有時尋常人認爲極無用的書籍和語句。也許有大功用。須知工廠種類多着呢。一個廠裏頭還有許多副產物哩。何止金有用。沙也有用。

若問讀書方法。我想向諸君上一個條陳。這方法是極陳舊的極笨極麻煩的。然而實在是極必要的。什麼方法呢。是鈔錄或筆記。

我們讀一部名著。看見他徵引那麼繁博。分析那麼細密。動輒伸着舌頭說道。這個人不知有多大記憶力。記得許多東西。這是他的特別天才。我們不能學步了。其實那裏有這回事。好記性的人不見得便有智慧。有智慧的人。比較的倒是記性不甚好。你所看見者是他發表出來的成果。不知他這成果原是從銖積寸累困知勉行得來。大抵凡一個大學者平日用功。總是有無數小冊子或單紙片。讀書看見一段資料。覺其有用者卽刻鈔下。（

短的鈔全文。長的摘要。（記書名卷數葉數）資料漸漸積得豐富。再用眼光來整理分析他。便成一篇名著。想看這種痕跡。讀趙甌北的二十二史劄記。陳蘭甫的東塾讀書記。最容易看出來。

這種工作。笨是笨極了。苦是苦極了。但眞正做學問的人。總離不了這條路。做動植物的人。懶得採集標本。說他會有新發明。天下怕沒有這種便宜事。

發明的最初動機在注意。鈔書便是促醒注意及繼續保存注意的最好方法。當讀一書時。忽然感覺這一段資料可注意。把他鈔下。這件資料。自然有一微微的印象。印入腦中。和滑眼看過不同。經過這一番後。過些時碰着第二個資料和這個有關係的。又把他鈔下。那注意便加濃一度。經過幾次之後。每翻一書。遇有這項資料。便活跳在紙上。不必勞神費力去找了。這是我多年經驗得來的實況。諸君試拿一年工夫去試試。當知我不說慌。

先輩每教人不可輕言著述。因爲未成熟的見解公布出來。會自誤誤人。這原是不錯的。但青年學生「斐然當述作之譽」也是實際上鞭策學問的一種妙用。譬如同是讀文獻通考的錢幣考。各史食貨志中錢幣項下各文。汎汎讀去。沒有什麼所得。倘若你一面讀一面便打主意做一篇中國貨幣沿革考。這篇考做的好不好。另一問題。你所讀的自然加幾倍受用。

譬如同讀一部荀子。某甲汎汎讀去。某乙一面讀。一面打主意做部荀子學案。讀過之後。兩個人的印象深淺。自然不同。所以我很奬勸青年好著書的習慣。至於所著的書拿不拿給人看。什麼時候纔認成功。這還不是你的自由嗎。

每日所讀之書。最好分兩類。一類是精熟的。一類是涉覽的。因爲我們一面要養成讀書心細的習慣。一面要養成讀書眼快的習慣。心不細則毫無所得。等於白讀。眼不快則時候不彀用。不能博搜資料。諸經諸子四史通鑑等書。宜入精讀之部。每日指定某時刻讀他。讀時一字不放過。讀完一部纔讀別部。想鈔錄的隨讀隨鈔。另外指出一時刻。隨意涉覽。覺得有趣。注意細看。覺得無趣。便翻次葉。遇有想鈔錄的。也俟讀完再鈔。當時勿窒其機。

諸君勿因初讀中國書勤勞大而結果少。便生退悔。因爲我們讀書。並不是想專向現時所讀這一本書裏討現錢現貨的得多少報酬。最要緊的是涵養成好讀書的習慣。和磨鍊出善讀書的腦力。青年期所讀各書。不外借來做達這兩個目的的梯子。我所說的前提倘若不錯。則讀外國書和讀中國書。當然都各有益處。外國名著。組織得好。易引起趣味。他的研究方法。整整齊齊擺出來。可以做我們模範。這是好處。我們滑眼讀去。容易變成享現成福的少爺們。不知甘苦來歷。這是壞處。中國書未經整理。一讀便是一個悶頭棍。每每打斷趣味。這是壞處。逼着你披荊斬棘。尋路來走。或者走許多冤枉路。（只要走路斷無冤枉。走錯了回頭。便是絕好教訓。）從甘苦閱歷中磨鍊出智慧。得苦盡甘來的趣味。那智慧和趣味。卻最真切。這是好處。

還有一件。我在前項書目表中有好幾處寫「希望熟讀成誦」字樣。我想諸君或者以爲甚難。也許反對說我頑舊。但我有我的意思。我並不是奬勵人勉强記憶。我所希望熟讀成誦的有兩種類。一種類是最有價值的文學作品。一種類是有益身心的格言。好文學是涵養情趣的工具。做一個民族的分子。總須對於本民族的好文學十分領略。能熟讀成誦。纔在我們的「下意識」裏頭得着根柢。不知不覺會「發酵」。有益身心的聖哲格言。一部分久已在我們全社會上形成共同意識。我既做這社會的分子。總要澈底了解他。纔不至和共同意識生隔閡。一方面我們應事接物時候。常常仗他給我們的光明。要平日摩得熟。臨時纔得着用。我所以有些書希望熟讀成誦者在此，但亦不過一種格外希望而已，並不謂非如此不可。

最後我還專向清華同學諸君說幾句話，我希望諸君對於國學的修養，比旁的學校學生格外加功，諸君受社會恩惠是比別人獨優的，諸君將來在全社會上一定占勢力，是眼看得見的，諸君回國之後，對於中國文化有無貢獻，便是諸君功罪的標準。

任你學成一位天字第一號形神畢肖的美國學者，只怕於中國文化沒有多少影響，若這樣便有影響，我們把美國藍眼睛的大博士抬一百幾十位來便彀了，又何必諸君呢，諸君須要牢牢記着你不是美國學生，是中國留學生，如何纔配叫做中國留學生，請你自己打主意罷。

附錄三　評胡適之的「一個最低限度的國學書目」

胡君這書目。我是不贊成的。因爲他文不對題。胡君說「并不爲國學有根柢的人設想。只爲普通青年人想得一點系統的國學知識的人設想。」依我看。這個書目。爲「國學已略有根柢而知識絕無系統」的人說法。或者還有一部分適用。我想。淸華週刊諸君。所想請教胡君的並不在此。乃是替那些「除卻讀商務印書館教科書之外沒有讀過一部中國書」的靑年們打算。若我所猜不錯。那麽。胡君答案。相隔太遠了。

胡君致誤之由。第一。在不顧客觀的事實。專憑自己主觀爲立脚點。胡君正在做中國哲學史中國文學史。這個書目。正是表示他自己思想的路徑。和所憑的資料。（對不對又另是一問題。現在且不討論。）殊不知一般靑年。並不是人人都要做哲學史家。文學史家。不是作哲學史家。文學史家。這裏頭的書。什有七八。可以不讀。眞要做哲學史文學史家。這些書。却又不彀了。

胡君第二點誤處。在把應讀書和應備書混爲一談。結果。不是個人讀書最低限度。却是私人及公共機關小圖書館之最低限度。（但也不對。只好說是哲學史文學史家私人小圖書館之最低限度。）殊不知靑年學生。（尤其淸華。）正苦於跑進圖書館裏頭。不知讀什麽書纔好。不知如何讀法。你給他一張圖書館書目。有何用處。何況私人購書。談何容易。這張書目。如何能人人購置。結果。還不是一句話嗎。

我最詫異的。胡君爲什麽把史部書一槪屛絕。一張書目名字叫做「國學最低限度。」裏頭有什麽三俠五義九命奇冤。却沒有史記漢書資治通鑑。豈非笑話。若說史漢通鑑。是要「爲國學有根柢的人設想」纔列擧。恐無此理。若說不讀三俠五義九命奇冤。便彀不上國學最低限度。不瞞胡君說。區區小子便是沒有讀過這兩部書的人。我雖自知學問淺陋。說我連國學最低限度都沒有。我却不服。

平心而論。做文學史（尤其做白話文學史）的人。這些書自然該讀。但胡君如何能因爲自己愛做文學史。便强一般青年跟着你走。譬如某人喜歡金石學。儘可將金石類書列出一張系統的研究書目。某人喜歡地理學。儘可以將地理類書列出一張系統的研究書目。雖然只是爲本行人說法。不能應用於一般。依我看。胡君所列各書。大半和金石萃編。愙齋集古錄。殷墟書契考釋。（金石類書）水道提綱。朔方備乘。元史譯文證補。（地理類書）等等同一性質。雖不是不應讀之書。却斷不是人人必應讀之書。胡君覆清華週刊信說。「我的意思是要一班留學生。知道元曲選等。是應該知道的書。」依着這句話。留學生最少也該知道殷虛書契考釋。朔方備案……是應該知道的書。那麼。將一部四庫全書總目搬字過紙。更列舉後出書千數百種便了。何必更開最低限度書目。須知「知道」是一件事。「必讀」又別是一件事。

我的主張。很是平淡無奇。我認定史部書爲國學最主要部分。除先秦幾部經書幾部子書之外。最要緊的便是讀正史。通鑑。宋元明紀事本末和九通中之一部分。以及關係史學之筆記文集等。算是國學常識。凡屬中國讀書人都要讀的。有了這種常識之人。不自滿足。想進一步做專門學者時。你若想做哲學史家。文學史家。你就請教胡君這張書目。你若想做別一項專門家。還有許多門。我也可以勉强照胡君樣子。替你另開一張書目哩。

胡君對於自己所好的兩門學問研究甚深。別擇力甚銳。以爲一般青年也該如此。不必再爲別擇。所以把許多書目臚列出來了。試思一百多册的正誼堂全書千篇一律的「理氣性命」。叫青年何從讀起。何止正誼堂。即以浙刻二十二子論。告訴青年說這書該讀。他又何從讀起。至於其文學史之部。所列全上古三代秦漢三國六朝文。全漢三國晉南北朝詩。古文苑。續古文苑。唐文粹。全唐詩。宋文鑑。南宋文範。南宋文錄。宋詩鈔。宋六十家詞。四印齋宋元詞。彊村所刻詞。元曲選百種。金文最。元文類。明文在。列朝詩集。明詩綜。六十種曲等書。我大略估計。恐怕總數在一千册以上。叫人從何讀起。青年學生因為我們是「老馬識途」。虛心請教。最少也應告訴他一個先後次序。例如唐詩該先讀某家後讀某家。不能說你去讀全唐詩便了。宋詞該先讀某家後讀某家。不能說請你把王幼霞朱古微所刻的都讀。若說你全部讀過後自會別擇。誠然不錯。只怕他索性不讀了。何況青年若有這許多精力日力來讀胡君指定的一千多册文學書。何如用來讀二十四史九通呢。

還有一層。胡君忘却學生沒有最普通的國學常識時。有許多書是不能讀的。試問連史記沒有讀過的人。讀崔適史記探源。懂他說的什麼。連尚書史記禮記國語沒有讀過的人。讀崔述考信錄。懂他說的什麼。連史記儒林傳漢書藝文志沒有讀過的人。讀康有為新學偽經考。懂他說的什麼。這不過隨手舉幾個例。其他可以類推。假如有一位學生。（假定還是專門研究思想史的學生）敬謹道依胡君之教。順着他所列書目讀去。他的書明明沒有尚書史記漢書這幾部書。你想這位學生。讀到崔述康有為崔適的著述時。該怎麽樣狼狽呢。

胡君之意。或者以這位學生早已讀過尚書史記漢書為前提。以為這樣普通書。你當然讀過。何必我說。那麽四書更普通。何以又列入呢。總而言之。尚書史記漢書資治通鑑。為國學最低限度不必要之書。正誼堂全書。綴白裘。兒女英雄傳。反是必要之書。眞不能不算石破天驚的怪論。（思想之部連易經也沒有。什麼原故。我也要求胡君答覆。）

總而言之。胡君這篇書目。從一方面看。嫌他罣漏太多。從別方面看。嫌他博而寡要。我認爲是不合用的。

附梁先生致清華週刊記者書

清華週刊記者足下。國學入門書要目及其讀法一篇呈上。別屬開留美應帶書目。頗難著筆。各書內容。拙著中已簡單論及。諸君一讀後。可擇所好者購攜。大學普通重要諸書。各校圖書館多有。自不必帶。所帶者總是爲自己隨時諷誦或用功時任意批注而設。試擇其最普通者。四書集注　石印正續文獻通考　相臺本五經單注　石印文選　石印浙刻二十二子　李太白集　墨子閒詁　杜工部集　荀子集解　白香山集　鉛印四史　柳柳州集　鉛印正續資治通鑑。東坡詩集　若欲帶選本。詩則古詩源。唐詩別裁。勉强可用。欲帶選本詞。則張臯文詞選。周止庵宋四家詞選。譚仲修篋中詞。勉强可用。（此五書原目皆未列）其餘涉覽書類。擇所喜者帶數種。亦可。因此等書外國圖書館或無有也。

飲冰室專集之七十二

要籍解題及其讀法

自序

我對於學問件件都有興味．因爲方面太多．結果沒有一方面做得成功．著述更不必說．始終沒有專心致志好好的著成一部書．近幾年來我名下的出版物．都不過一個學期中在一個學校的講義．而且每學期所講總是兩門以上的功課．所編總是兩種以上的講義．我生平有種壞癖氣．曾經講過的功課．下次便不願再講．每次所講總是新編的．匆匆忙忙．現蒸熱賣．那裏能有滿意之作．所以每次講完之後．便將講義擱起．預備從新校改一番纔付印．但每到休講期間．又貪著讀別的書去了．假期滿後．又忙著別的講義．因此舊稿總沒有時候整理．只好把他放在篋底再說．兩三年此類的講稿有好幾種哩．這部要籍解題及其讀法便是其中之一種．

這部講義是兩年前在清華學校講的。清華當局指定十來部有永久價值的古書．令學生們每學期選讀一部或兩部．想令他們得些國學常識．而且養成自動的讀書能力．這種辦法．我原是很贊成的．當局因請我把這十幾部書的大概和學生們講講．我答應了．每隔一星期來講一次．一學期間講了從論語到禮記這幾部．本來下學期還打算續講．不幸亡妻抱病．跟著出了喪事．我什麼功課都做不下去．因此向學校辭職．足足休講了一年．現在雖再來學校．也沒有續講的機會．

說「要籍」嗎。中國最少也有一百幾十種。像這部講義講的不倫不類幾部書。算什麼東西呢。何況是現蒸熱賣的粗製品。當起稿時已經沒有多翻參考書的餘裕。脫稿後連覆看的工夫也沒有。這樣作品。如何可以見人。所以許久不願付印。爲此。

清華同學們不答應。說各處紛紛函索傳鈔。不勝其擾。說現在清華周刊要編輯叢書。決定把他充當第一種。已經付印了。而且要求我作一篇序文。我無法拒絕。也只好隨順。

我想。一個受過中學以上教育的中國人。對於本國極重要的幾部書籍。內中關於學術思想者若干種。關於歷史者若干種。關於文學者若干種。最少總應該讀過一遍。但是生當今日而讀古書。頭一件苦於引不起興味來。第二件苦於沒有許多時間向浩如烟海的書叢中埋頭鑽研。第三件。就令耐煩費時日勉强讀去。也苦難得其要領。因此。學生們並不是不願意讀中國書。結果。還是不讀拉倒。想救濟這種缺點。像「要籍解題」或「要籍讀法」一類書。不能不謂爲適應於時代迫切的要求。我這幾篇雖然沒有做得好。但總算在這條路上想替青年們添一點趣味。省一點氣力。我希望國內通學君子多做這類的作品。尤其希望能將我所做的加以是正。例如錢先生新近在清華周刊發表的論語解題及其讀法之類。同時我也要鞭策自己在較近期內對於別的要籍能再做些與此同類的工作。

這部書裏頭所講有許多是前人講過的。並非全屬自己創見。爲什麼不一一注明呢。因爲（一）編講義時間匆忙。沒有查原書。（二）爲學生們方便起見。若嚕嚕囌囌的引那一說駁那一說。倒反令人頭痛。不如直捷了當。我認爲可采之說。就采入。省些閑文。總而言之。這部書不是著述。不過講堂上臨時演說。凡有與著述體例不符之處。希望讀者原諒。

「先入爲主」，原是做學問最大毛病，但人人都知道這是毛病，卻人人都不容易破除。即如我這部書講論語推重戴望，講史記推重崔適，也可以說是我個人的僻見，其實教一般青年不該如此。此外各篇犯這類毛病還不少，我所以不甚願意立刻付印，就是爲此。既已付印，我不能不聲明一下。

臨了，我還想和青年們說幾句話——諸君對於中國舊書，不可因「無用」或「難讀」這兩個觀念，便廢止不讀。有用無用的標準本來很難確定，何以見得橫文書都有用，線裝書都無用？依我看，著述有帶時代性的，有不帶時代性的，不帶時代性的書，無論何時都有用。舊書裏頭屬於此類者確不少。至於難讀易讀的問題呢，不錯，未經整理之書，確是難讀，讀起來沒有興味，或不得要領，像是枉費我們的時光。但是從別方面看，讀這類書要自己用刻苦工夫，披荆斬棘，尋出一條路來，因此可以磨練自己的讀書能力，比專吃現成飯的得益較多。所以我希望好學的青年們，最好找一兩部自己認爲難讀的書，偏要拚命一讀，而且應用最新的方法去讀他。讀通之後，所得益處，在本書以內的，不算，在本書以外的，還多着哩。

十四年，十一月，十七日，梁啓超，清華北院二號。

要籍解題及其讀法

目錄

飲冰室專集之七十二

要籍解題及其讀法

論語　孟子　附論大學中庸孝經及其他

總說　論語孟子兩書，近人多呼爲「經書」，古代不然。漢儒對於古書之分類，以詩、書、禮、樂、易、春秋爲「六藝」，亦謂之「六經」，實爲古書中之最見寶貴者。次則名爲「記」或「傳」，乃解釋或補助諸經者，論語即屬此類。又次則爲諸子，乃於六經之外別成一家言者，孟子即屬此類。故論孟兩書，在漢時不過二三等書籍。然漢文帝時已將此二書置博士，（「置博士」者在大學中專設一科以專門之博士任教授也）是曾經特別崇重，然不久亦罷。（罷博士者廢此專科也）六朝隋唐以來，論語研究尙盛，孟子則亦僅儕於諸子之列耳。自宋儒從禮記中抽出大學中庸兩篇，合諸論孟，稱爲「四書」，明清兩代以八股取士，試題悉出「四書」，於是「四書」之誦習，其盛乃駕「六經」而上之。六七百年來，數歲孩童入三家村塾者，莫不以四書爲主要讀本。其書遂形成一般常識之基礎，且爲國民心理之總關鍵。

論語編輯者及其年代　漢書藝文志云：『論語者，孔子應答弟子時人及弟子相與言而接聞於夫子之語也。當時弟子各有所記，夫子既卒，門人相與輯而論纂，故謂之論語。』據此，則謂論語直接成於孔子弟子之手，雖然，書中所記，如魯哀公、季康子、子服景伯諸人，皆舉其謚。諸人之死，皆在孔子卒後，書中又記曾子臨終之言，曾子在孔門齒最幼，其卒年更當遠後於孔子，然則此書最少應有一部分爲孔子卒後數十年七十子之門人所記。無疑。書中於有子曾子皆稱「子」。全書第一章記孔子語。第二章卽記有子語。第三章記孔子語。第四章卽記曾子語。竊疑纂輯成書。當出有子曾子門人之手。而所記孔子言行。半承有曾二子之筆記或口述也。

論語之眞僞 先秦書贋品極多。學者最宜愼擇。論語爲孔門相傳寶典。大致可信。雖然。其中未嘗無一部分經後人附益竄亂。大抵各篇之末。時有一二章非原本者。蓋古用簡書。傳鈔收藏皆不易。故篇末空白處。往往以書外之文綴記塡入。在本人不過爲省事備忘起見。非必有意作僞。至後來展轉傳鈔。則以之誤混正文。周秦古書中似此者不少。論語中亦有其例。如雍也篇末『子見南子』章。鄉黨篇末『色斯擧矣』章。季氏篇末『齊景公』章。微子篇末『周公謂魯公』『周有八士』章。皆或與孔門無關。或文義不類。疑皆非原文。然此猶其小者。據崔東壁(述)所考證。則全書二十篇中。末五篇——季氏陽貨微子子張堯曰——皆有可疑之點。因漢初有所傳有「魯論」「齊論」「古論」之分。篇數及末數篇之篇名各有不同。文句亦間互異。王莽時佞臣張禹者合三本而一之。遂爲今本。(見漢書藝文志張禹傳及何晏論語集解序)此末五篇中。最少應有一部分爲戰國末年人所竄亂。其證據一。論語通例稱孔子皆曰『子』。惟記其與君大夫問答乃稱「孔子」。此五篇中屢有稱「孔子」或「仲尼」者。二。論語所記門弟子與孔子對面問答。亦皆呼之爲「子」。對面呼「夫子」。乃戰國時人語。春秋時無之。而此五篇中屢稱「夫子」。三。季氏篇『季氏將伐顓臾。冉有季路見於孔子』云云。考冉有季路並無同時仕於季氏之事。四。陽貨篇記『公山弗擾以費畔。召子欲往』云云。又記『佛肸以中牟畔。召子欲往』云云。考弗擾叛時。孔子正爲魯司寇。率師墮費。弗擾正因反抗孔子政策而作亂。其亂亦由孔子手平定之。安有以一造反之縣令而敢召執政。其執政方督師討賊。乃欲應以召。且云『其爲東周』。寧有此理。佛肸以中牟叛趙。爲趙襄子時事。見韓詩外傳。趙襄子之立。在孔子卒後五年。孔子何從與肸有交涉。凡此諸義。皆崔氏所疏證。大致極爲精審。（參觀崔東壁遺書內洙泗考信錄畿輔叢書中亦有此書）由此言之。論語雖什有八九可信。然其中仍有一二出自後人依託。學者宜分別觀之也。

論語之內容及其價值

論語一書。除前所舉可疑之十數章外。其餘則字字精金美玉。實人類千古不磨之寶典。蓋孔子人格之偉大。宜爲含識之儔所公認。而論語則表現孔子人格唯一之良書也。其書編次體例。並無規定。篇章先後。似無甚意義。內容分類。亦難得正確標準。略舉綱要。可分爲以下各類。

一。關於個人人格修養之教訓。

二。關於社會倫理之教訓。

三。政治談。

四。哲理談。

五。對於門弟子及時人因人施教（注重個性的）的問答。

六。對於門弟子及古人時人之批評。

七。自述語。

八。孔子日常行事及門人誦美孔子之語。（映入門弟子眼中之孔子人格。）

右所列第一二項。約占全書三分之二。其餘六項約合占三之一。第一項人格修養之教訓。殆全部有歷久不磨的價值。第四項之哲理談。雖著語不多。（因孔子之教專貴實踐。罕言性與天道。）而皆淵淵入微。第二項之社會倫理。第三項之政治談。其中一部分對當時階級組織之社會立言。或不盡適於今日之用。然其根本精神固自有俟諸百世而不惑者。第五項因人施教之言。則在學者各自審其個性之所近所偏而借以自鑑。第六項對人的批評。讀之可以見孔子理想人格之一斑。第七項孔子自述語及第八項別人對於孔子之觀察批評。讀之可以從各方面看出孔子之全人格。論語全書之價值大略如此。要而言之。孔子這個人有若干價值。則論語這部書。亦連帶的有若干價值也。

讀論語法　吾儕對於如此有價值之書。當用何法以善讀之耶。我個人所認爲較簡易且善良之方法如下。

第一。先注意將後人竄亂之部分剔出。以別種眼光視之。免使朦混眞相。

第二。略依前條所分類。將全書纂鈔一過。爲部分的研究。

第三。或作別種分類。以教義要點——如論『仁』論「學」論「君子」等爲標準。逐條鈔出比較研究。

第四。讀此書時。卽立意自作一篇孔子傳或孔子學案。一面讀便一面思量組織法。且整理資料。到讀畢時自然能極徹底極正確的了解孔子。

第五。讀此書時。先要略知孔子之時代背景。左傳。國語。實主要之參考書。

第六。此書文義並不艱深。專讀白文自行紬繹其義最妙。遇有不解時。乃翻閱次條所舉各注。

右所學者。爲書本上智識方面之研究法。其實我輩讀論語之主要目的。還不在此。論語之最大價值。在敎人以人格的修養。修養人格。決非徒恃記誦或考證。最要是身體力行。使古人所敎變成我所自得。既已如此。則不必貪多務廣。果能切實受持一兩語。便可以終身受用。至某一兩語最合我受用。則全在各人之自行領會。非別人所能參預別人參預則已非自得矣要之學者苟能將論語反覆熟讀若干次則必能羣然有見於孔子之全人格以作自己祈嚮之準鵠而其間亦必有若干語句恰與自己個性相針對讀之別有會心可以作終身受持之用也論語文並不繁熟讀並不費力吾深望青年勿蔑棄此家寶也

論語注釋書及關係書

論語注釋有漢鄭康成注已佚近人有輯本有魏何晏集解宋刑昺義疏現行十三經注疏所載者即是但其中要語多爲後人新疏所以采不讀亦得爲便於學者計列舉以下之注釋書及關係書各種

一、宋朱熹論語集注論語或問

集注簡而明最便讀者但其中有稍涉理障處或問時於集注外有所發明

二、清戴望論語注

此書亦簡明訓詁視朱注爲精審但多以公羊家言爲解穿鑿附會間亦不免

三、清劉寶楠論語正義

最精博但太繁非專家研究者不必讀

四、清顏元四書正誤論語之部

此專正朱注之誤也可見習齋一家學說

五、清焦循論語通釋

此書將論語敎義要點分類研究其方法最可學

六．清阮元揅經堂集中論語論仁解。

此書一短篇文專取論語言「仁」之一部鈔下通貫研究其方法可學。

七．清崔述洙泗考信錄附餘錄。

此書爲最謹嚴之孔子傳其資料什九取自論語辨論語竄亂之部分當略以此書所疑者爲標準。

以上說論語竟

孟子之編纂者及篇數　史記孟子荀卿列傳云『孟子乃述唐虞三代之德。是以所如者不合。退而與萬章之徒序詩書述仲尼之意作孟子七篇』趙岐孟子題辭云『退而論集所與高第弟子公孫丑萬章之徒難疑問答又自撰其法度之言著書七篇二百六十一章三萬四千六百八十五字』據此則漢儒傳說皆謂此書爲孟子自撰。然書中稱時君皆舉其諡。如梁惠王襄王齊宣王魯平公鄒穆公皆然。乃至滕文公之年少亦皆如是。其人未必皆先孟子而卒。何以皆稱其諡。又書中於孟子門人多以「子」稱之。樂正子公都子屋廬子徐子陳子皆然。不稱子者無幾。果孟子所自著。恐未必自稱其門人皆曰子。細玩此書。蓋孟子門人萬章公孫丑等所追述。故所記二子問答之言最多。而二子在書中亦不以子稱也。其成書年代雖不可確指。然最早總在周赧王十九年（西紀前二九六）梁襄王卒之後。上距孔子卒一百八十餘年。下距秦始皇幷六國七十餘年也。今本孟子七篇。而漢書藝文志儒家云『孟子十一篇』應劭風俗通窮通篇亦云然。趙岐題辭云『又有外書四篇——性善辯文說孝經爲政。其文不能宏深。不與內篇相似。似非孟子本眞。後人依放而託也』據此知漢時所流傳者。尚有外書四篇。與今七篇混爲一本。趙邠卿（岐）鑑定爲贋品。故所作孟子章句惟釋七篇。此後趙注獨行，而外篇遂廢，後人或以爲惜，但吾儕頗信邠卿鑑别力不謬，其排斥外篇，不使珷玞亂玉，殆可稱孟子功臣。今外篇佚文見於法言、鹽鐵論、顏氏家訓、李善文選注……等書有若干條，經近人輯出，誠有如邠卿所謂『不能宏深，不與內篇相似』也。至明季姚士粦所傳孟子外書四篇，則又僞中出僞，並非漢時之舊，更不足道矣。

孟子之內容及其價值

孟子與荀卿，爲孔門下兩大師。就學派系統論，當時儒墨道法四家並峙，孟子不過儒家一支流，其地位不能比老聃、墨翟。但孟子在文化史上有特別貢獻者二端。

一、高唱性善主義，敎人以自動的擴大人格，在哲學上及敎育學上成爲一種有永久價值之學說。

二、排斥功利主義，其用意雖在矯當時之弊，然在政治學社會學上，最少亦代表一面眞理。

其全書要點略如下。

一、哲理談。窮究心性之體相，證成性善之旨。告子上下篇、盡心上篇，多屬此類。

二、政治談。發揮民本主義，排斥國家的功利主義，提出經濟上種種理想的建設。梁惠王上下篇、滕文公上篇，全部皆屬此類。其餘各篇亦多散見。

三、一般修養談。多用發揚蹈厲語，提倡獨立自尊的精神，排斥個人的功利主義。滕文公、告子、盡心三篇最多，餘篇亦常有。

四、歷史人物批評。借古人言論行事，證成自己的主義。萬章篇最多。

五、對於他派之辯爭。其主要者如後儒所稱之闢楊墨。此外如對於告子論性之辨難，對於許行、陳仲子之呵斥對於法家者流政策之痛駁等皆是。

六。記孟子出處辭受及日常行事等。

右各項中惟第四項之歷史談價值最低因當時傳說多不可信而孟子並非史家其著書宗旨又不在綜覈古事。故凡關於此項之記載及批評應認爲孟子借事明義不可當史讀第五項辯爭之談雙方皆持之有故言之成理。未可偏執一是第二項之政治談因時代不同其具體的制度自多不適用然其根本精神固有永久價值。餘三項價值皆極高。

讀孟子法　讀論語孟子一類書當分兩種目的其一爲修養受用其一爲學術的研究爲修養受用起見論語如飯最宜滋養孟子如藥最宜祓除及興奮讀孟子第一宜觀其砥礪廉隅崇尙名節進退辭受取與之間竣立防閑。如此然後可以自守而不至墮落第二宜觀其氣象博大獨往獨來光明俊偉絕無藏閃能常常誦習體會人格自然擴大第三宜觀其意志堅强百折不回服膺書中語對於環境之壓迫可以增加抵抗力第四宜觀其修養下手工夫簡易直捷無後儒所言支離玄渺之二病要之孟子爲修養最適當之書於今日青年尤爲相宜學者宜摘取其中精要語熟誦或鈔出常常閱覽使其精神深入我之「下意識」中則一生做人基礎可以穩固而且日日向上至老不衰矣。

學術的研究方面極多宜各隨興味所注分項精求惟每研究一項必須對於本書所言徹頭徹尾理會一番且須對於他書有關係的資料博爲蒐采參核試舉數例。

一。如欲研究孟子哲學必須先將書中所謂性所謂心所謂情所謂才所謂義所謂理……種種名詞子細推敲求得其正確之意義。復又須貫通全書。求得某幾點爲其宗旨之主腦。然後推尋其條理所由衍出。又須將別派學說與之對照研究。如荀子。春秋繁露等書觀其所自立說及批駁孟子者何如。

二. 欲研究孟子之政治論。宜先提絜出幾個大綱領——例如民本主義統一主義非功利主義等等。觀其主張之一貫。又須熟察時代背景。徧觀反對派學說。再下公正的批評

三. 孟子闢異端。我輩不必隨聲附和。然可從書中發見許多「異端」的學說。例如楊朱。許行。宋牼。陳仲子。子莫。白圭。告子。淳于髡等。其書皆不傳。且有並姓名亦不見於他書者。從孟子書中將其學說摭拾研究。便是古代學術史絕好資料。

四. 將本書所載孟子所見之人所歷之地及其行事言論。鉤稽排比。可以作一篇極翔實的孟子小傳。

以上不過略舉數例。學者如有研究興味。則方面尚多。在各人自擇而已。

孟子之注釋書及關係書

最古之孟子注釋書爲東漢趙岐之孟子章句。且每章綴以章指。其書現存。全文見焦循孟子正義中。今不另舉。

一. 宋朱熹孟子集注。

性質及價值皆同論語集注。

二. 清焦循孟子正義。

考證最精審。且能發明大義。現行各注疏未有其比。

三. 清戴震孟子字義疏證。

此書乃戴氏發表自己哲學意見之作。並非專爲解釋孟子。但研究孟子哲學。自應以此爲極要之參考品。

四。清陳澧東塾讀書記內孟子之卷。

此卷將孟子全書拆散而比觀之。所發明不少。其治學方法最可學。

五。清崔述孟子事實錄。

此書爲極謹嚴孟子小傳。

以上說孟子竟

附論大學中庸

大學中庸本小戴禮記中之兩篇。禮記爲七十子後學者所記。其著作年代。或在戰國末或在西漢。不等。其價值本遠在論孟下。自宋程正叔抽出此二篇特別提倡。朱晦庵乃創爲四子書之名。其次序一。大學。二。論語。三。孟子。四。中庸。於是近七八百年來。此二篇之地位驟高。幾駕羣經而上之。斯大奇矣。區區大學一篇。本不知誰氏作。而朱晦庵以意分爲經傳兩項。其言曰。『經一章蓋孔子之言而曾子述之。傳十章則曾子之意而門人記之。』然而皆屬意度。羌無實證。晦庵又因其書有與自己理想不盡合者。乃指爲有錯簡。以意顛倒其次序。又指爲有脫漏。而自作補格致傳一章。此甚非學者態度所宜出也。而明清兩朝。非惟以大學儕諸經。且幾將朱氏補傳與孔子之言同視矣。中間王陽明主張「大學古本」。對於朱氏所改所補而倡異議。然重視大學之觀念迄未稍變。惟清初有陳乾初確者著大學辨一篇。力言此書非孔子曾子作。且謂其『專言知不言行。與孔門教法相戾。』此論甫出。攻擊蠭起。共指爲非聖無法。後亦無人過問。自此書列於四書之首。

其篇中『致知格物』四字，惹起無數異說，辨難之作，可汗十牛，然以此爲孔子教人入德之門，非求得其說不可，由吾儕觀之，此篇不過秦漢間一儒生之言，原不値如此之尊重而固守也。中庸篇朱晦庵謂『子思作之以授孟子』，其言亦無據，篇中有一章襲孟子語而略有改竄，據崔東壁所考證，則其書決出孟子後也，此篇論心論性，精語頗多，在哲學史上極有價値。

要而論之，大學中庸，不失爲儒門兩篇名著，讀之甚有益於修養，且既已人人誦習垂千年，形成國民常識之一部分，故今之學者，亦不可以不一讀，但不必尊仰太過，反失其相當之位置耳。

附論孝經

孝經自漢以來，已與論語平視，今且列爲十三經之一，共傳『孔子志在春秋，行在孝經』，以爲孔子手著書，即此兩種，其實此二語出自緯書，純屬漢人附會，「經」之名，孔子時並未曾有，專就命名論，已足徵其妄，其書發端云『仲尼居，曾子侍』，安有孔子著書而作此稱謂耶，書中文義皆極膚淺，置諸戴記四十九篇中，猶爲下乘，雖不讀可也。

附論其他關於孔子之記載書

記載孔子言論行事之書，惟論語爲最可信，其他先秦諸子所記，宜以極嚴冷謹愼之態度觀之，蓋凡一偉大人物，必有無數神話集於其身，不可不察也，今傳孔子家語，孔叢子兩書，皆晉人僞作，萬不可讀，有孔子集語一書，乃宋人採集羣書言孔子事者，大半誣孔子而已，學者誠誦法孔子，則一部論語，終身受用不盡，『豈買菜也而求添乎』

以上附論竟

史記

史記作者之略歷及其年代

史記百三十篇。漢太史令司馬遷作。遷字子長。(見揚雄法言及王充論衡)左馮翊夏陽人(據自序『司馬氏入少梁』語案推漢地)今陝西之同州韓城縣也。司馬氏世典周史。遷父談。以漢武帝建元元封間仕爲太史令。談卒。遷襲官。遷生卒年不見於太史公自序及漢書司馬遷傳。惟據自序云『爲太史令五年而當太初元年』。張守節正義云『案遷年四十二歲』。以此推算。知遷生於景帝中五年。(西紀前一四五〇年)父談學天官於唐都。受易於楊何。習道論於黃子。遷皆傳其學。遷又受業孔安國治尚書。聞春秋於董仲舒。喜游歷。足跡徧天下。其所經行之地見於本書者如下。

五帝本紀。『余嘗西至空同。北過涿鹿。東漸於海。南浮江淮矣。』

河渠書。『余南登廬山。觀禹疏九江。遂至於會稽大湟。上姑蘇。望五湖。東闚洛汭大邳。迎河行淮泗濟漯洛渠。西瞻蜀之岷山及離碓。北自龍門至於朔方。』

齊太公世家。『吾適齊。自泰山屬之琅邪。北被於海。膏壤二千餘里。』

魏世家。『吾適故大梁之墟。』

孔子世家。『余適魯。觀仲尼廟堂。』

伯夷列傳。『余登箕山。其上蓋有許由冢云。』

孟嘗君列傳。『吾嘗過薛。其俗閭里率多暴桀子弟。與鄒魯殊。』

信陵君列傳。『吾過大梁之墟。求問其所謂夷門。夷門者。城之東門也。』
春申君列傳。『吾適楚。觀春申君故城宮室。盛矣哉。』
屈原賈生列傳。『余適長沙。觀屈原所自沈淵。』
蒙恬列傳。『吾適北邊。自直道歸。行觀蒙恬取爲秦築長城亭障。』
淮陰侯列傳。『吾如淮陰。淮陰人爲余言韓信。』『余視其母冢。』
樊酈滕灌列傳。『吾適豐沛。問其遺老。觀故蕭曹樊噲滕公之冢。』
太史公自序。『二十而南遊江淮。上會稽。探禹穴。闚九疑。浮於沅湘。北涉汶泗。講業齊魯之都。觀孔子之遺風。鄉射鄒嶧。尼困鄱薛彭城。過梁楚以歸。』『奉使西征巴蜀以南。南略邛筰昆明。』
吾儕試取一地圖。按今地施朱線。以考遷遊踪。則知當時全漢版圖。除朝鮮河西嶺南諸新開郡外。所歷殆徧矣。
遷初仕爲郎中。及繼父任太史令。則奉詔脩太初歷。自發議迄頒定。皆遷主之。始末具詳漢書律歷志。脩歷事畢。從事作史。史未成。因上書救李陵。獲罪下蠶室。已而爲中書令。尊寵任事。其卒年無考。大率在武帝末年。今據王靜安國維所著太史公繫年考略。略表其行歷年代如下。
西紀前一四五（景帝中五年）遷生。
前一四〇（武帝建元元年）六歲。
前一三六（建元五年）十歲。自序云『年十歲則誦古文。』
前一三四（元光元年）十二歲。

前一二八（元朔元年）十八歲。

前一二六（元朔三年）二十歲自序云。『二十而南遊江淮……過梁楚以歸。』（全文見前）所記或不止一年事。要之自二十歲起遊學四方也

前一二二（元狩元年）二十四歲。史記所記事訖於是年。說詳下。

前一一六（元鼎元年）三十歲自序云。『於是遷仕爲郎中』其年無考。大約在元狩元鼎間。

前一一〇（元封元年）三十六歲自序云。『奉使西征巴蜀還報命是歲天子始建漢家之封』遷歸自南。見父談於河淮之間。未幾。談卒。遺命使遷撰史

前一〇八（元封三年）三十』歲。始爲太史令。自序云。『太史公卒三歲而遷爲太史令紬石室金匱之書』

前一〇四（太初元年）四十二歲。據漢書律歷志元封七年。因太史令司馬遷等言歷法廢壞宜改正朔乃詔以明年爲太初元年命遷等造漢歷遷鄧平及民間治歷者二十餘人參其事事竣詔遷頒所造八十一分歷即所謂太初歷也。遷生平事業造歷之功。蓋亞於作史云。

史記蓋以是年屬稿。自序云。『五年（爲太史令後之五年）而當太初元年。……太史公曰孔子卒後至於今五百歲。……小子何敢讓焉。……於是論次其文。……』

前一〇〇（天漢元年）四十六歲。

前九八（天漢三年）四十八歲。下獄被刑。自序云。『七年而太史公遭李陵之禍。幽於縲紲。』徐廣注云。『天漢三年。』（據李將軍列傳及匈奴列傳李陵降匈奴。在天漢二年。）是時史記尚未成書故報任安書

云『草創未就，適會此禍，惜其不成，是以就極刑而無慍色。』

前九六（太始元年）五十歲。漢書本傳云『遷既被刑之後，爲中書令，尊寵任職事。』當在此數年中。

前九三（太始四年）五十三歲。是年有報益州刺史任安書。書見漢書本傳，不箸年月，惟書中有『會東從上來』語，又有『涉旬月，迫季冬，僕又薄從上雍』語。考漢書武帝紀『是年春三月，行幸太山，夏四月，幸不其，五月，還幸建章宮』，卽所謂『東從上來』也。又『冬十二月，行幸雍，祠五時』，卽所謂『季冬從上雍』也。故知報書在是年。遷時爲宦侍，故每出必扈行也。

前九二（征和元年）五十四歲。

前八八（後元元年）若遷尚在，則其年五十八歲。明年武帝崩，遷卒年絕無可考。惟據漢書宣帝紀，載武帝後元二年遣使盡殺長安獄囚，內謁者令郭穰夜至郡邸獄云云。案續漢書百官志，知內謁者令卽中書謁者令，亦卽中書令。然則其時遷已不在中書，計當前卒矣。大約遷之年代與武帝相始終也。

史記之名稱及其原料

史記之名，非遷書原名也。其見於漢書者，藝文志述劉歆七略，稱『太史公百三十篇』。楊惲傳謂之「太史公記」。應劭風俗通（卷一卷六）同。宣元六王傳謂之「太史公書」。班彪略論、王充論衡同。而風俗通（卷二）時或稱「太史記」。是知兩漢時並未有名遷書爲「史記」者。本書中「史記」之名凡八見：（一）周本紀云『太史伯陽讀史記』，（二）十二諸侯年表云『孔子論史記舊聞』，（三）十二諸侯年表云『左丘明因孔子史記具論其語』，（四）六國表云『秦燒天下書，諸侯史記尤甚』，（五）六國表云『史記獨藏周室』，（六）天官書云『余觀史記考事』，（七）孔子世家云『乃因魯史記作春秋』（八）太史公自序云『紬史記石室金匱之書。』皆指古史也。「史記」之名。蓋起於魏晉間。實「太史公記」之省稱耳。

史記所據之原料。據班彪略論則（一）左傳（二）國語（三）世本（四）戰國策（五）陸賈楚漢春秋。

今考本書中自述其所取材者如下。

五帝本紀。『予觀春秋國語。』

殷本紀。『自成湯以來。采於詩書。』

秦始皇本紀。『吾讀秦記。』

孝武本紀。『余究觀方士祠官之言。』

三代世表。『余讀諜記。稽其歷譜。』

十二諸年表。『太史公讀春秋歷譜諜。』『秦記不載日月。其文略不具。』『余於是因秦記。踵春秋之後……著諸所聞興壞之端。』

吳太伯世家。『余讀春秋古文。』

衞康叔世家。『余讀世家言。』

伯夷列傳。『學者載籍極博。猶考信於六藝。』

管晏列傳。『吾讀管氏牧民山高乘馬輕重九府及晏子春秋。』

司馬穰苴列傳。『余讀司馬兵法。』

孫吳列傳。『孫子十三篇吳起兵法世多有。』
仲尼弟子列傳。『悉取論語弟子問幷次爲篇。』
孟子荀卿列傳。『余讀孟子書。』『自如孟子至於吁子。世多有其書。』
商鞅列傳。『余嘗讀商君開塞耕戰書。』
屈原賈生列傳。『余讀離騷天問招魂哀郢。』
酈生陸賈列傳。『余讀陸生新語書。』
儒林列傳。『余讀功令。』
大抵除班彪所舉五書外。史公所采主要材料（一）六藝。（二）秦史記。（三）諜記。或即世本（四）諸子著書現存者。（五）功令官書。（六）方士言。而秦火後「諸侯史記」之湮滅。則史公最感苦痛者也。
史公史料多就地采訪。觀前條所列游踪。可見各篇中尙有明著其所親見聞者如下。
項羽本紀。『吾聞之周生。』
趙世家。『吾聞馮王孫。』
魏世家。『吾適故大梁之墟。墟中人言曰。』
淮陰侯列傳。『吾如淮陰。淮陰人爲余言。』
樊酈絳滕列傳。『余與他廣遊。爲言高祖功臣之興時若此云。』
馮唐傳。『唐子遂與余善。』

韓長孺列傳『余與壺遂定律曆觀韓長孺之義』

李將軍列傳『余覩李將軍悛悛如鄙人』

衞將軍驃騎列傳『蘇建語余曰』

游俠列傳『吾觀郭解狀貌不如中人』

凡此皆史記資料多取諸載籍以外之證也

史記著述之旨趣

史記自是中國第一部史書但吾儕最當注意者『爲作史而作史』不過近世史學家之新觀念從前史家作史大率別有一「超史的」目的而借史事爲其手段此在各國舊史皆然而中國爲尤甚也孔子所作春秋表面上像一部二百四十年的史然其中實孕含無數「微言大義」故後世學者不謂之史而謂之經司馬遷實當時春秋家大師董仲舒之受業弟子其作史記蓋竊比春秋故其自序首引仲舒所述孔子之言曰『我欲載之空言不如見之於行事之深切著明也』其意若曰吾本有種種理想將以覺民而救世但憑空發議論難以警切不如借現成的歷史上事實做個題目使讀者更爲親切有味云爾春秋旨趣旣如此則竊比春秋之史記可知故遷報任安書云『欲以究天人之際通古今之變成一家之言』自序亦云『略以拾遺補蓺成一家之言厥協六經異傳整齊百家雜語藏諸名山副在京師俟後世聖人君子』由此觀之其著書最大目的乃在發表司馬氏「一家之言」與荀卿著荀子董生著春秋繁露性質正同不過其「一家之言」乃借史的形式以發表耳故僅以近世史的觀念讀史記非能知史記者也

史記之史的價値

然則史記不復有史的價値耶是又不然據自序『司馬氏世典周史』古代學術率

爲官府所專有而史官尤爲其淵海談遷父子入漢世守其業自序云『百年之間天下遺文古事靡不畢集太史公太史公仍父子相續纂其職』蓋當時具備作史資格者無如遷父子故談臨終以此責遷而遷亦毅然以此自任前此史家著述成績何如今不可盡考略以現存之幾部古史觀之大抵爲斷片的雜記或順按年月纂錄其自出機杼加以一番組織先定全書規模然後駕馭去取各種資料者蓋未之前有有之自遷書始也自序云『余所謂述故事整齊其世傳非所謂作也』此遷自謙云爾作史安能憑空自造舍「述」無由史家惟一職務即在「整齊其世傳」「整齊」即史家之創作也能否「整齊」則視乎其人之學識及天才太史公知整齊之必要又知所以整齊又能使其整齊理想實現故太史公爲史界第一創作家也

史記創造之要點以余所見者如下

一 以人物爲中心 歷史由環境構成耶由人物構成耶此爲史界累世聚訟之問題以吾儕所見雖兩方勢力俱不可蔑而人類心力發展之功能固當畸重中國史家最注意於此而實自太史公發之其書百三十篇除十表八書外餘皆個人傳記在外國史及過去古籍中無此體裁以無數個人傳記之集合體成一史結果成爲人的史而非社會的史是其短處然對於能發動社會事變之主要人物各留一較詳確之面影以傳於後此其所長也長短得失且勿論要之太史公一創作也

二 歷史之整個的觀念 從前的史或屬於一件事的關係文書——如尙書或屬於各地方的記載——如國語戰國策或屬於一時代的記載——如春秋及左傳史記則舉其時所及知之人類全體自有文化以來數千年之總活動冶爲一爐自此始認識歷史爲整個渾一的爲永久相續的非至秦漢統一後且文

化發展至相當程度則此觀念不能發生而太史公實應運而生史記實爲中國通史之創始者自班固以下此意荒矣故鄭漁仲（樵）章實齋（學誠）力言漢書以後「斷代史」之不當雖責備或太過然史公之遠識與偉力則無論何人不能否定也

右二項就理想方面論

三　組織之複雜及其聯絡　史記以十二本紀十表八書三十世家七十列傳組織而成其本紀及世家之一部分爲編年體用以定時間的關係其列傳則人的記載貫澈其以人物爲歷史主體之精神其書則自然界現象與社會制度之記述與「人的史」相調劑內中意匠特出尤在十表據桓譚新論謂其『旁行斜上並倣周譜』或以前嘗有此體製亦未可知然各表之分合間架總出諸史公之慘澹經營表法既立可以文省事多而事之脈絡亦具史記以此四部分組成全書互相調和互保聯絡遂成一部博大謹嚴之著作後世作斷代史者雖或於表志門目間有增減而大體組織不能越其範圍可見史公創作力之雄偉能籠罩千古也

四　敍列之扼要而美妙　後世諸史之列傳多藉史以傳人史記之列傳惟藉人以明史故與社會無大關係之人濫竽者少換一方面看立傳之人並不限於政治方面凡與社會各部分有關係之事業皆有傳爲之代表以行文而論每敍一人能將其面目活現又極複雜之事項——例如貨殖列傳匈奴列傳西南夷列傳等所敍皆能剖析條理縝密而清晰其才力固自敻絕

右二項就技術方面論

要之史記價值。久為學界所公認。吾儕贊美。適成贅詞。反不如攻其闕失。猶足附於史公忠臣之列。今姑述此四項致吾敬仰云爾。

史記成書年代及後人補續竄亂之部分

現存古書。什有九非本來面目。非加一番別擇整理工夫而貿然輕信。殊足以誤人。然別擇整理之難。殆未有甚於史記者。今欲從事研究。蓋有先決問題二。一為史記是否已成書之問題。二為史記記事最終年限問題。

史記是否已成書耶。按自序則百三十篇粲然具備。似悉出史公手定。故此問題二千年從未發生。然據漢書司馬遷傳已云『十篇有錄無書』。後漢書班彪傳亦云『十篇缺焉』。注家謂『遷沒之後亡』。則認為書本完成後乃亡佚云爾。吾細考史公年歷。則不能無疑。報任安書自述下獄時事云『草創未就。會遭此禍。惜其不成。是以就極刑而無慍色』。則其時書尚未成可知。時天漢三年也。自此以後。去太史令職而為中書令。「金匱石室之藏」不復能如昔時之恣其紬讀。又近侍尊寵。每有巡幸。無役不從。依漢書武帝紀所載『太始二年正月。行幸回中登隴首。三年正月。行幸甘泉。五月。行幸東海至琅邪成山登之罘。冬乃歸。四年三月。行幸泰山。四月。幸不其。十二月。行幸雍。西至安定北地』。此皆史公官中書時事。計數年間。能安居京師從事著述者殆無幾日。報任安書所謂『卒卒無須臾之間得竭志意』。蓋實情也。報任安書已經考定為太始四年冬間作。玩其語氣。史確未成書。云『僕誠已著此書。則償前辱之責。雖萬被戮。豈有悔哉』。下又云『是以腸一日而九迴。居則忽忽若有所亡。出則不知其所往。每念斯恥。汗未嘗不發背沾衣也』。則書未成而前辱未償明甚。越二年而巫蠱難作。史公存亡已不可考矣。然則書竟不成而齎志以沒。未可知也。信如是也。則史記之有缺篇。非亡佚而原缺也。而今本乃百三十篇。一無所欠。其果爲遷書之舊耶否耶。

史記所記事。以何年爲最終年限耶。據自序曰『故述往事。思來者。卒述陶唐以來。至於麟止。』集解『張晏曰。武帝獲麟。以爲述事之端。上包黃帝。下至麟止。猶春秋止於獲麟也。』漢書揚雄傳云『太史公記六國。歷楚漢。訖麟止。』後漢書班彪傳云『太史令司馬遷上自黃帝。下訖獲麟。作本紀世家列傳書表凡百三十篇。』右據遷所自言及揚雄班固言。（揚雄傳。雄所自作。班書全采之。班彪傳。班固作。范書全采之。）則「麟止」一語。殆爲鐵案。案武帝獲麟。在元狩元年冬十月（西紀前一二二）孔子作春秋。訖於魯哀公十四年西狩獲麟。史記竊比春秋。時亦適有獲麟之事。故所記以此爲終限。然則武帝本紀當敍至元狩元年十月止。年表世家列傳稱是。凡此年以後之記事。皆非原文。此標準宜爲最可信據者。

雖然。本書所載元狩元年以後之事甚多。而年限亦有異說。其年限之異說。則

一。訖太初說。　太史公自序最末一段云『余述歷黃帝以來。至太初而訖。』漢書敍傳云。『太初以後。闕而不錄。』太初凡四年。若訖太初四年（西紀前一〇一）則逾麟止之限二十二年。

二。訖天漢說。　漢書司馬遷傳贊云『述楚漢春秋。接其後事。訖於天漢。』史記之集解索隱正義皆主是說。天漢接太初後。凡四年。若訖天漢四年（西紀前九七）則逾麟止之限二十六年。

三。訖武帝末說。建元以來侯者年表末附『褚先生曰。太史公記事盡於武帝之末。』武帝最末一年爲後元二年（西紀前八七）若訖於此。則逾麟止之限三十六年。

右第二第三兩種異說。出自後人之口。且暫置不理。惟第一異說之訖太初。則與訖麟止語同出自序。一篇之中。

矛盾至此。實令人迷惑。查「訖麟止」語。在自序大序之正文中。「訖太初」語。乃在小序之後另附一行。文體突兀不肖。又漢書本傳全錄自序。而不載此一行。似班固所見自序原本。並無此語。衡以史公竊比春秋之本意。固宜以「麟止」爲斷也。但太初天漢事。尙爲史公所及見耳。今本史記。不獨太初天漢事盈篇累幅也。乃至記武帝後事者。且不一而足。如

一．酷吏傳載。『杜周捕治桑弘羊昆弟子。』事在昭帝元鳳間（西紀前八〇至七五）距武帝崩六年至十二年。

二．楚元王世家云。『地節二年中人上書告楚王謀反。』宣帝地節二年。（西紀前六八）距武帝崩十九年。

三．齊悼惠王世家載。「建始三年。城陽王景卒。同年。菑川王橫卒。」成帝建始三年（西紀前三〇）距武帝崩五十七年。

四．將相名臣表。武帝後續以昭。宣。元。成。四帝。直至鴻嘉元年止。成帝鴻嘉元年。（西紀前二〇）距武帝崩六十七年。

右不過舉數條爲例。書中所記昭。宣。元。成間事。蓋更僕難數。無論如何曲解。斷不能謂太史公及見建始鴻嘉時事。然而此諸條者。固明明在今本正文中。稍粗心讀去。絕不能辨矣。吾儕據此等鐵證。可以斷言今本史記決非史公之舊。其中有一部分乃後人羼亂。

然則史記何故容後人羼亂耶。某部分屬於後人羼亂耶。其來由及種類約有三。

第一類。原本缺亡而後人補作者。漢書司馬遷傳云。『十篇缺。有錄無書。』顏注引張晏曰。『亡景紀。武

紀。禮書。樂書。兵書。漢興以來將相年表。日者列傳。三王世家。龜策列傳。傅靳列傳。元成之間褚先生補缺。作武帝紀。三王世家。日者。龜策列傳。言辭鄙陋。非遷本意也。』案今本三王世家。日者。龜策兩傳皆有褚先生補文附於贊嗣之後。而史公原文似亦未嘗缺。若武帝紀則並褚補字樣而無之。而其文乃割裂封禪書贊語亦全與封禪書同。非原文明矣。其餘張晏所舉諸篇今本皆現存。其不足信益明。又三代世表建元以來侯者年表。陳涉世家。外戚世家。梁孝王世家。田叔列傳等篇。皆各有『褚先生曰』一段補文附於贊語後。則褚補原不僅四篇也。如張丞相列傳於贊語後有一大段補文。但並無『褚先生曰』字樣。知補者又不獨一褚先生也。補文別附贊後者。吾輩能識別之。若如武帝紀之類。竟以補文作正文。或所補並非褚先生之舊者。則後人從何辨耶。

第二類。後人續撰者。　漢書藝文志於『太史公百三十篇』（史記本名太史公書）之後。接列『馮商所續太史公七篇』。劉知幾史通正史篇云『史記太初已後。闕而不錄。其後劉向向子歆及諸好事者若馮商。衞衡。揚雄。史岑。梁審。肆仁。晉馮。段肅。金丹。馮衍。韋融。蕭奮。劉恂等相次撰續。迄於哀平間。猶名史記。』（後漢書班彪傳注亦列舉續史記者尙有陽城衞。史孝山二人。孝山當卽岑）　據此則西漢東漢之交。續史記者將二十家。而皆仍其舊名。卽班彪續作數十篇。亦僅名爲後傳。（見彪傳）　蓋自馮商劉向以迄班彪。其意皆欲各據所立時代以次遞續。不別爲書。其截采史記記漢初以來之一部分。續以昭宣迄哀平之部分。以成斷代之史。則自班固始耳。（然漢書古今人表所表皆漢以前人。則其體裁仍是補續史記也）　當書既未有印書。傳鈔皆用竹木簡或縑帛。弆攜兩艱。用之彌嗇。各家所續本或卽以塗附於原鈔本中。卽不然。而學者展轉誦習。竟將續本與原本合鈔以圖省便。亦意中事。故今本史記有馮商劉向劉歆……

……諸人手筆雜入其中者定不少也。

總之書中關於漢事之記載若嚴格的甄別宜以元狩元年以前爲斷即稍寬亦只能截至太初末而止其有溢出此年限外者決非史公之舊也然此猶較易辨別其最難者則有

第三類 後人故意竄亂者 西漢末學界一大公案起焉曰今古文之爭事緣劉歆典校中祕書自稱發見各種古文經傳其主要者則春秋左氏傳周禮古文尚書其餘羣經亦皆有古本而其學說什九與漢初以來諸師所傳者相背戾又有各種緯書亦皆起自哀平間其言荒誕不可究詰東漢以後多數學者皆信此等書爲先秦古籍而今文家則謂是皆歆及其徒黨所僞造以媚王莽而助其篡內中與史記問題關係最密切者尤在尚書左傳兩書今文家『謂尚書爲備（意謂漢初諸師所傳二十八篇之尚書已完備無缺無所謂百篇及書序也）謂左氏不傳春秋』（謂左氏春秋即國語純屬別行之史並非爲春秋傳也）然則史公所述三代前及春秋間事宜以尚書二十八篇及原本左氏春秋——即國語爲限而今史記乃多有助「古文家言」張目者嚴鞫此讞乃不能不歸獄於歆等之有意竄亂。

然則歆等竄亂果有可能性耶曰有其一據漢書王莽傳『元始四年徵天下有逸禮古書（即古文尚書）毛詩周官爾雅天文圖讖鍾律月令兵法史篇文字通知其意者皆詣公車前後至者千數皆令記說廷中將令正乖繆壹異說』古文學說之掩襲天下自此役始蓋此千數人者皆承莽歆意旨以改竄古書爲職者也而「史篇」亦在其中則遷書之遭蹂躪實意中事時歆方典中祕書則彼之所改自稱定本誰復能與抗辯其二續史記者十六人而歆與居一歆所續今雖不傳然其人學博名高其書必有可觀故班固漢書多採

之。（黃省曾西京雜記序謂『班固漢書全取劉歆』雖言之或太過然歆書爲固書最重要之原料殆不可疑）今本史記以後人補續之語羼入正文者。既所在多有。（見前文）且尤有後世妄人取漢書竄補者。（見下文）則其中有一部分爲歆手筆。並無足怪。

右所舉第一第二類。清代乾嘉諸儒考證頗詳。其第三類則吾師康南海先生（有爲）之新學僞經考初發此疑。近人崔觶甫（適）著史記探原大發其覆。雖其中有過當之處。而大致蓋可取。今略綜諸家之說推攷各篇眞僞如下。

第一　全篇原缺後人續補者。　漢書本傳明言『十篇缺有錄無書』。班固所不及見者。後人何由得見。故左列十篇應認爲全僞。

孝景本紀　張晏云。『亡』。司馬貞云。『取班書補之。』

孝武本紀　張晏云。『武紀亡。褚先生補作也』。司馬貞云。『褚先生集合武帝事以編年。今止取封禪書補之。信其才之薄也』。今案此紀卽封禪書之下半。疑並不出褚先生手。或褚補亦亡。後人再割裂他篇充數耶。

漢興以來將相名臣年表　張晏云。『亡』。裴駰云。『太始以後。後人所續』。案當從張說。全篇爲後人補續。

禮書　張晏云。『亡』。司馬貞云。『取荀卿禮論。』

樂書　張晏云。『亡』。司馬貞云。『取禮記樂記。』

律書　張晏云。『兵書亡。』顏師古云。『序目無兵書。』司馬貞云。『兵書遷沒之後亡。褚少孫以律書補之。』

三王世家．張晏云『亡．褚先生補．』案．今本於太史公贊後附錄褚補文．而贊前則錄三封策。實則前後皆褚補也．

日者列傳．龜策列傳．張晏云『亡．褚先生補．』案此兩篇文甚蕪鄙．是否卽褚補原本．尙未敢信．

傅靳蒯成列傳．張晏云．『亡』案今本蓋後人從漢書錄補．

第二．明著續之文及補續痕跡易見者．

三代世表．篇末自「張夫子問褚先生曰．』以下．

張丞相傳．篇末自『孝武時丞相多』以下．

田叔列傳．篇末自『褚先生曰』以下．

平津侯主父列傳．篇末自『太皇太后詔』以下．又自『班固稱曰』以下．

滑稽列傳篇末『褚先生曰』以下．

以上各條．今武英殿版本皆改爲低一格以示識別．

第三．全篇可疑者．班固稱有錄無書者雖僅十篇．然吾儕因此已得知史記確爲未成之書．或雖成而已有亡佚．原書未成之推定．說已詳前．卽已成之部分．亦有亡佚之可能性．以卷帙浩瀚之書．在傳寫極艱之時代．散亡甚易．略可想見。漢書本傳云『遷旣死後．其書稍出．』據此似是一部分陸續傳布．後漢書竇融傳云『光武賜融以太史公五宗世家．外戚世家．魏其侯列傳．』則摘篇別寫單行．固有明例矣．則各家鈔本有一部分亡缺．亦事理之常．要之原缺續補者既有十篇．則所缺所補亦可至十篇以外．淮南子所謂鑿一孔而百隙隨也。今本史記中多有與漢書略同。而玩其文義。乃似史記割裂漢書。非漢書刪取史記者。崔適指出各篇如下。

孝武本紀　　妄人錄漢書郊祀志
律書　曆書　　妄人錄漢書律曆志
天官書　　妄人錄漢書天文志
封禪書　　妄人錄漢書郊祀志
河渠書　　妄人錄漢書溝洫志
平準書　　妄人錄漢書食貨志
張丞相列傳　　妄人錄漢書
南越尉佗列傳　　妄人錄漢書
循吏列傳　　妄人所補
汲鄭列傳　　妄人錄漢書
酷吏列傳　　妄人錄漢書
大宛列傳　　妄人錄漢書張騫李廣列傳

崔氏疑古太勇。其言雖未可據爲典要。然旣對於此諸篇提出問題。且頗能言之有故。持之成理。則吾輩固宜一爲推勘矣。

第四．元狩或太初以後之漢事為後人續補竄入各篇正文者．此類在年表世家列傳中甚多．不復枚舉

第五．各篇正文中為劉歆故意竄亂者．此項辨別甚難．舉要點數端如下．

一、凡言「終始五德」者．五帝本紀．秦始皇本紀．十二諸侯年表．孟子荀卿列傳．張蒼傳等篇．

二．凡言「十二分野」者．十二諸侯年表．齊宋鄭世家．張蒼傳等篇．

三．凡言古文尚書及所述書序．夏殷周本紀．齊魯衞宋世家等篇．

四．凡記漢初古文傳授者．儒林列傳．張蒼傳等篇．

以上所論關於史記眞本之種種考證．多采自近人著作而略斷以己意．其言頗繁重．或為讀者所厭．吾所以不憚煩為此者．欲學者知今本史記非盡原文．而已着手讀史記以前．必須認定此事實．否則必至處處捍格難通也．

讀史記法之一　讀史記有二法．一常識的讀法．二專究的讀法．兩種讀法．有共同之入門準備．

一．先讀太史公自序及漢書司馬遷傳．求明了作者年代．性行．經歷．及全書大概．

二．讀漢書敍傳論史記之部．劉知幾史通之六家篇．二體篇．正史篇．鄭樵通志總序論史記之部．隋書經籍志及四庫提要之史部正史類關於記述史記之部分．求略識本書在史學界之位置及價値．

今先論常識的讀法．史記為正史之祖．為有組織有宗旨之第一部古史書．文章又極優美．二千年來學者家絃戶誦．形成國民常識之一部．其地位與六經諸子相並．故凡屬學人．必須一讀．無可疑者．惟全篇卷帙頗繁．卒業不易．今為節嗇日力計．先剔出以下各部分．

一、十表但閱序文表中內容不必詳究但流覽其體例略比較各表編次方法之異同便得。

一、八書本爲極重要之部分惟今所傳似非原本與其讀此不如讀漢書各志故可全部從省。

一、世家中吳、齊、魯、管、蔡、陳、杞、衞、宋、晉、楚、越、鄭各篇原料什九采自左傳既讀左傳則此可省但戰國一部分之世家仍須讀因戰國策太無系統故。

一、武帝紀日者傳龜策傳等已證明爲僞書且蕪雜淺俚自可不讀扁鵲倉公傳等似是長編非定本一涉獵便足。

以上所甄別約當全書三分之一所省精力已不少其餘各部分之讀法略舉如下。

第一　以研究著述體例及宗旨爲目的而讀之　史記以極複雜之體裁混合組織而配置極完善前既言之矣專就列傳一部分論其對於社會文化確能面面顧及政治方面代表之人物無論矣學問藝術方面亦盛水不漏試以劉向七略比附之如仲尼弟子老莊申韓孟子荀卿等傳於先秦學派網羅略具儒林傳於秦漢間學派淵源敍述特詳則六藝略諸子略之屬也如司馬穰苴孫子吳起等傳則兵書略之屬也如屈原賈生司馬相如等傳則詩賦略之屬也如扁鵲倉公傳則方技略之屬也如龜策日者兩傳則術數略之屬也又如貨殖傳之注重社會經濟外戚佞幸兩傳暗示漢代政治禍機所伏處處皆具特識又其篇目排列亦似有微意如本紀首唐虞世家首吳泰伯列傳首伯夷皆含有表章讓德之意味此等事前人多已論列不盡穿鑿附會也。

若以此項目的讀史記宜提高眼光鳥瞰全書不可徒拘拘於尋行數墨庶幾所謂「一家之言」者可以

看出。

第二，以研究古代史蹟爲目的而讀之。史記既爲最古之通史。欲知古代史蹟。總應以之爲研究基礎。爲此項目的而讀。宜先用「觀大略」的讀法將全篇一氣呵成瀏覽一過再用自己眼光尋出每個時代之關鍵要點所在。使專向幾個要點有關係之事項注意精讀。如此方能鉤元提要。不至泛濫無歸。

第三、以研究文章技術爲目的而讀之。史記文章之價值。無論何人當不能否認。且二千年來相承誦習。其語調字法。早已形成文學常識之一部。故專爲學文計。亦不能不以此書爲基礎。學者如以此項目的讀史記。則宜擇其尤爲傑作之十數篇精讀之。孰爲傑作。此憑各人賞會本難有確定標準。吾生平所最愛讀者則以下各篇。

項羽本紀　信陵君列傳　廉頗藺相如列傳　魯仲連鄒陽列傳　淮陰侯列傳　魏其武安侯列傳

李將軍列傳　匈奴列傳　貨殖列傳　太史公自序

右諸篇皆肅括宏深。實敍事文永遠之模範。班叔皮稱史公『善序述事理。辯而不華。質而不俚。文質相稱。良史之才。』如諸篇者。洵足當之矣。學者宜精讀多次。或務成誦。自能契其神味。辭遠鄙倍。至如明清選家最樂道之伯夷列傳管晏列傳屈原賈生列傳等。以吾論之。反是篇中第二等文字耳。

史記讀法之二　今當繼論專究的讀法。史記爲千古不朽之名著。本宜人人共讀。徒以去今太遠。文義或佶屈難曉。郡國名物等事。世嬗稱易。或不審所指。加以傳寫訛舛。竄亂紛紜。時或使人因疑生蔑。後輩誦習漸希。蓋此之由。謂宜悉心整理一番。俾此書盡人樂讀。吾夙有志。未能逮也。謹述所懷條理。以質當世。有好學者或獨力或合作以成之。亦不朽之盛事也。

一、史記確有後人續補竄亂之部分。既如前述。宜略以前文所論列爲標準。嚴密考證。凡可疑者。以朱線圍之。俾勿與原本相混。庶幾漸還史公之眞面目。學者欲從事此種研究。可以崔適史記探源爲主要參考書。而以自己忠實研究的結果下最後之判斷。

二、吾輩之重視史記。實在其所紀先秦古事。因秦漢以後事。有完備之漢書可讀。唐虞三代春秋戰國之事。有組織的著述。未或能過史記也。而不幸史記關於此點。殊不足以饜吾輩所期。後人竄亂之部分無論矣。即其確出史公手者。其所述古史可信之程度。亦遠在所述漢事下。此事原不能專怪史公。因遠古之史。皆含有半神話的性質。極難辨別。此各國所同。不獨我國爲然矣。近古——如春秋戰國資料本尙不少。而秦焚一役。「諸侯史記」蕩盡。憑藉缺如。此亦無可如何者。顧吾輩所致憾於史公。不在其搜采之不備。而在其別擇之不精。善夫班叔皮之言也。『遷之著作。採獲古今。貫穿經傳。至廣博也。一人之精。文重思煩。故其書刊落不盡。尙有盈辭。多不齊一』。（後漢書班彪傳）試將史記古史之部分與現存先秦古籍相較。其中蕪累誣誕之辭。蓋實不少。即本書各篇互相矛盾者。亦所在而有。此非『文重思煩刊落不盡』之明效耶。然居今日而治古史。則終不能不以史記爲考證之聚光點。學者如誠忠於史公。謂宜將漢以前之本紀世家年表。全部磨勘一度。從本書及他書搜集旁證反證。是正其訛謬。而汰存其精粹。略用裴注三國志之義例。分注於各篇各段之下。庶幾乎其有信史矣。學者欲從事此種研究。則梁玉繩史記志疑崔述考信錄實最重要之參考書。錢大昕廿二史考異王鳴盛十七史商榷。趙翼廿二史劄記三書中史記之部。次之。

其餘清儒札記文集中，亦所在多有。然茲事既極繁重，且平決聚訟，殊大非易，成功與否，要視其人之學力及判斷何如耳。然有志之青年，固不妨取書中一二篇爲研究之嘗試，縱令不能得滿意之結果，其於治學之方法及德性，所裨已多矣。

三，史記之訓詁名物，有非今之人所能驟解者，故注釋不可少，然舊注非失之太簡，即失之太繁，宜或删或補，最好以現今中學學生所難了解者爲標準，別作簡明之注，再加以章節句讀之符號，庶使盡人能讀。

四，地理爲史蹟筋絡，而古今地名殊稱，直讀或不知所在，故宜編一地名檢目，古今對照。

五，我國以帝王紀年，極難記憶，春秋戰國間，各國各自紀年，益複雜不易理，宜於十表之外補一大事年表，貫通全書，以西曆紀，而附注該事件所屬之朝代或國邑紀年於其下，其時代則從十二諸侯年表以共和元年起，蓋前乎此者無徵也，其事件則以載於本書者爲限。

以上五項，爲整理史記方法之綱要，學者如能循此致力，則可以史記之學名其家，而裨益於後進者且不貲矣。至如就史記內容分類研究，或比較政治組織，或觀察社會狀態，則問題甚多，取材各異，在學者自擇也。

荀子

荀卿之年代及行歷

吾輩對於國中大思想家，莫不欲確知其年代及其行歷，然而世愈古則所知愈少。故思想界關係最大之先秦諸子，其事蹟往往絕無可考，或僅有單詞孤證，不能窺全蹟什之一二。如荀卿者，著書雖數萬言，而道及本身歷史殊少，史記雖有列傳，而文甚簡略，且似有訛舛，故非悉心攷證，不足以語於知人論世也。今徧引各書關於荀卿之資料而參驗論次如下。

史記孟子荀卿列傳。

荀卿趙人。年五十始來游學於齊。……田駢之屬皆已死。齊襄王時。而荀卿最爲老師。齊尚脩列大夫之缺。而荀卿三爲祭酒焉。齊人或讒荀卿。荀卿乃適楚。而春申君以爲　陵令。春申君死而荀卿廢。因家蘭陵。李斯嘗爲弟子。已而相秦。

史記春申君列傳。

楚考烈王元年。以黃歇爲相。封爲春申君。……春申君相楚八年。以荀卿爲蘭陵令。……春申君相楚之二十五年。考烈王卒。李園伏死士刺春申君。斬其頭。

史記李斯列傳。

李斯……從荀卿學帝王之術。學已成。……欲西入秦。辭於荀卿。……至秦。會莊襄王卒。李斯乃求爲秦相呂不韋舍人。……二十餘年。秦幷天下。以斯爲丞相。……李斯置酒於家。百官長皆前爲壽。……斯喟然而歎曰。嗟乎。吾聞之荀卿曰『物禁太盛』。……當今人臣之位無居臣上者。可謂富貴極矣。物極則衰。吾未知所稅駕也。

本書劉向敍錄。

孫卿趙人。名況。方齊威王宣王時。聚天下賢士於稷下。尊寵之。若鄒衍田駢淳于髡之屬甚衆。號曰列大夫。皆世所稱。咸作書刺世。是時孫卿有秀　年五十始來游學。……至齊襄王時。孫卿最爲老師。齊尚脩列大夫之缺。而孫卿三爲祭酒焉。齊人或讒孫卿。孫卿乃適楚。楚相春申君以爲蘭陵令。人或謂春申君曰『湯以七十里。文王以百里。孫卿賢者也。今與之百里地。楚其危乎』。春申君謝之。孫卿去之趙。後客謂春申君曰『伊尹去夏入殷。殷王而夏亡。……今孫卿天下賢人。所去之國其不安乎』。春申君使人聘孫卿。孫卿遺春申君書。刺楚國。因爲歌賦以遺春申君。春申君恨。復固謝孫卿。孫卿乃行。復爲蘭陵令。春申君死而孫卿廢。……李斯嘗爲弟子。已而相秦。及韓非浮丘伯。皆受業爲名儒。孫卿之應聘於諸侯。見秦昭王。昭王方喜戰伐。而孫卿以三王之法說之。及秦相應侯。皆不能用也。至趙與孫臏議兵趙孝成王前。孫臏爲變詐之兵。孫卿以王兵難之。不能對也。卒不能用。孫卿道守禮義。行應繩墨。安貧賤。孟子者。亦大儒。以爲人之性善。孫卿後孟子百餘年。孫卿以爲人之性惡。故作性惡一篇。以非孟子。……

應劭風俗通窮通篇。

……孫卿有秀才。年十五始來游學。……（餘略同劉向敍錄）

戰國策楚策。

……孫子去而之趙。趙以爲上卿。春申君使請孫子。孫子爲書謝之。曰。鄙語曰「厲憐王。……」此爲劫殺死亡之主言之也。……

桓寬鹽鐵論論儒篇。

齊湣王奮二世之餘烈。南舉楚淮。北幷巨宋。……矜功不休。……諸儒諫不從。各分散。……而孫卿適楚。內無良臣。故諸侯伐之。

鹽鐵論毀學篇.

李斯之相秦也.始皇任之.人臣無二.然而郇卿爲之不食.覩其罹不測之禍也.

韓非子難四篇.

燕王噲賢子之而非荀卿.故身死爲僇.

本書儒效篇.

秦昭王問孫卿子曰.……

本書議兵篇.

臨武君與孫卿子議兵於趙孝成王前.……

本書强國篇.

應侯問孫卿子曰.入秦何見.……

荀卿子說齊相曰.……處勝人之勢.不以勝人之道.索爲匹夫不可得也.……今巨楚縣吾前.大燕鰌吾後.勁魏鉤吾右.……是一國作謀.則三國必起而乘我.……

羣書所記載荀卿事蹟.略盡於此.其中年歲最明顯者.則西紀前二五五年——即楚考烈王八年.荀卿仕楚爲蘭陵令.此事史文紀載詳確.宜據爲荀卿傳蹟之中心.雖然.若依韓非子所說.則荀卿及見燕王噲.噲在位九年.當西紀前三二〇至三一二年.下距考烈王八年.凡六十餘年.依鹽鐵論所說.則荀卿及見李斯相秦.斯相秦在秦始皇三十四年.當西紀前二一三年.上距考烈王八年.凡四十一年.前後相去已百餘年.若如後人所解史記

本傳及劉向敍錄之文。則荀卿當齊威宣時年五十來游學。齊威王在位三十年。自前三七八至三四三。宣王在位十九年。自前三四二至三二四。卽以宣王末年卿年五十計。則至李斯相秦時。荀卿當百六十一歲。天下安有此情理。且劉向言「孫卿後孟子百餘年」。若卿及見齊宣王燕王噲。則與孟子並世矣。故韓非子之說。當然不可信。（此又關涉韓非眞僞問題。當別論之。）而史記及劉向之文。亦當子細紬繹。別下解釋。彼文記齊威宣間稷下列大夫之事。乃是追敍。並非謂荀卿及見威宣。故史記云「田駢之屬皆已死」。宣王後爲湣王。凡四十年。湣王後爲襄王。凡十九年。荀卿游齊。蓋在湣王末年。旋因進諫不用。遂去齊適楚。及襄王時再游齊。則年輩已尊。三爲祭酒也。然自湣王最末一年下至秦始皇三十四年。亦已七十一年。若荀卿其時年五十。則亦必百二十餘歲始能見李斯之相。其說仍不可通。「年五十」之文。風俗通作「年十五」。似較近眞。今本史記及劉向敍。或傳寫之譌耳。荀卿及見李斯相秦與否。亦一問題。鹽鐵論云云。或因李斯述荀卿「物禁太盛」一語而增益附會之。未可知也。要之齊湣王末年。荀卿年當在二十前後。李斯爲相時。卿存沒雖難確考。然斯之貴盛。則卿尙及見。似此推定。則卿年壽蓋八九十歲。雖不中當不遠矣。今略依此設爲假定譜荀卿年歷如下。

前二九三（齊湣王三十一年）假定是年荀卿年十五。始游學於齊。

前二八六（齊湣王三十八年）是年齊滅宋。

前二八五（齊湣王三十九年）荀卿有說齊相書。見本書彊國篇。說既不行。遂去齊適楚。鹽鐵論論儒篇所言卽指是年事知說齊相書在是年者因書中敍四鄰强國舉楚燕魏而不及宋知在滅宋後矣時齊君相方『矜功不休』而荀卿已料『一國作謀三國起乘』齊人不能聽卿遂去之明年而五國伐齊湣王爲僇矣

前二八四至二六八（齊襄王元年至十七年）荀卿復游齊。三爲祭酒。當在此十餘年間。

前二六七（齊襄王十八年）（秦昭王四十一年）是年秦以范睢爲相號爲應侯．本書儒效篇與秦昭王問答．強國篇與應侯問答．皆當在本年以後．

前二六六（趙孝成王王元年）本書議兵篇與孝成王及臨武君問答．當在本年以後．臨武君姓名無攷敍錄指爲孫臏恐非是其年代不相及也

前二六二（楚考烈王元年）是年春申君相楚．

前二五五（楚考烈王八年）假定是年荀卿五十三歲．是年春申君以卿爲蘭陵令．列傳言『齊人或讒孫卿孫卿乃適楚』去齊適楚之年難確攷要當在本年以前也『戰國策又言春申君客讒孫卿卿去楚適趙趙以爲上卿』事當在本年以後其見秦昭王及趙孝成王疑皆在蘭陵令去職之後

前二四六（秦始皇元年）史記李斯列傳言『斯辭荀卿入秦會莊襄王卒』事當在此一兩年間．

前二三六（秦始皇十一年）（楚考烈王二十五年）是年李園殺春申君．荀卿遂廢居蘭陵．假定是年荀卿七十二歲．據戰國策及劉向敍錄荀卿似嘗兩度爲蘭陵令其第二次任職當在本年之前數年間

前二一三（秦始皇三十四年）是年李斯相秦．是年荀卿若尚生存．則假定爲九十五歲．

關於荀卿年代行歷之參攷書．以下各篇王先謙荀子集解彙錄於卷首可參看

宋唐仲友荀子序

宋晁公武郡齋讀書志子部儒家類荀子條．

宋王應麟漢書藝文志攷證荀子條．

四庫全書總目子部儒家類荀子條．

清汪中述學荀卿子通論附年表.

清胡元儀郇卿別傳附考異.

荀子書之著作及其編次

本書劉向敍錄云『孫卿卒不用於世.老於蘭陵.疾濁世之政.亡國亂君相屬.不遂大道而營乎巫祝.信禨祥.鄙儒小拘.如莊周等又滑稽亂俗.於是推儒墨道德之行事興壞.序列著數萬言而卒』是以荀子書爲荀卿所手著也.今案讀全書.其中大部分固可推定爲卿自著.然如儒效篇.議兵篇.強國篇皆稱「孫卿子」似出門弟子記錄.內中如堯問篇末一段.純屬批評荀子之語.其爲他人所述尤爲顯然.又大略以下六篇.楊倞已指爲荀卿弟子所記卿語及雜錄傳記.然則非全書悉出卿手蓋甚明.

荀子書初由漢劉向校錄.名孫卿新書.漢書藝文志著錄.名孫卿子.(顏注云『本曰荀卿.避宣帝諱故曰孫』)唐楊倞爲作注.省稱荀子.今遂爲通名.劉向敍錄云『所校讎中孫卿書凡三百二十二篇.以相校除復重二百九十篇.定著三十二篇』言中祕所藏孫卿之書共三百二十二篇.實三十二篇.餘皆重複之篇也.漢書藝文志作三十三篇.王應麟謂傳寫之訛.殆然.隋書經籍志作十二卷.舊唐志同.今本二十卷.乃楊倞所析.編次亦頗易其舊.倞自序云『以文字繁多.故分舊十二卷三十二篇爲二十卷.其篇第亦頗有移易.使以類相從.』今將新舊篇第列表對照如下.

(劉向本)	(楊倞本)
勸學篇第一	同
修身篇第二	同

不苟篇第三	同
榮辱篇第四	同
非相篇第五	同
非十二子篇第六	同
仲尼篇第七	同
成相篇第八	第二十五
儒效篇第九	第八
王制篇第十	第九
富國篇第十一	第十
王霸篇第十二	第十一
君道篇第十三	第十二
臣道篇第十四	等十三
致仕篇第十五	第十四
議兵篇第十六	第十五
强國篇第十七	第十六
天論篇第十八	第十七

正論篇第十九	第十八
樂論篇第二十	同
解蔽篇第二十一	同
正名篇第二十二	同
禮論篇第二十三	第十九
宥坐篇第二十四	第二十八
子道篇第二十五	第二十九
性惡篇第二十六	第二十三
法行篇第二十七	第三十
哀公篇第二十八	第三十一
大略篇第二十九	第二十七
堯問篇第三十	第三十二
君子篇第三十一	第二十四
賦篇第三十二	第二十六

楊倞所改編是否愜當，另爲一問題，但劉向舊本亦不過就中祕所藏三百餘篇之叢稿訂譌芟複，從新編次，原非必荀卿時之舊，故改編亦不必指爲紊古也。汪容甫荀卿子通論謂『其書始於勸學終於堯問篇次實仿論語』恐是附會

但劉向本篇第是否卽向之舊似仍有問題漢書藝文志儒家載『孫卿子三十三篇』而賦家復載『孫卿賦十篇』知劉向哀定七略時兩書本各自別行乃今本則賦篇卽在三十二篇中而其賦又僅五首頗難索解今案成相篇純屬韻文文學其格調絕類今之鼓兒詞亦賦之流漢志雜賦十二家別有成相雜辭十一篇知古代本有此體而作者非獨荀卿矣本書成相篇亦以五首組成故知漢志所謂『賦十篇』者實卽本書成相篇賦篇之各五首也（此說采自胡元儀但胡謂合此二篇卽成相雜辭之十一篇而謂漢志『孫卿賦十篇』之文爲脫去「一」字則誤也）以此論之則所謂「孫卿子」者當除此兩篇外別有三十二篇今乃合此兩篇共成三十二篇不已缺其二耶案本書大略篇首『大略君人者隆禮尊賢而王……』「大略」二字與下文不相屬明是標題（楊倞注已言之）而儒效篇篇末一段云『人論志不免於曲私……』「人論」二字不與下連王制篇篇中一段云『序官宰爵知賓客……』「序官」二字與下不連體例正如大略篇是「人論」「序官」本爲兩篇名略可推見（王念孫謂『論當讀爲倫』未免求之太深「人論」爲一篇名正如書中天論禮論樂論諸篇耳）然則後此何故失此二目而將四篇併爲兩篇耶當緣有傳鈔者以「孫卿子」與「孫卿賦」合爲一書將賦十篇（並成相言）附於末二度傳鈔者不解「成相」之義見其文與「非相」相近遂提前置諸第八篇三度傳鈔者覺增此二篇與「三十二篇」之數不符而當時各篇名或皆如大略篇之僅著於篇首並未提行另寫鈔者失察遂合四爲二謂符原數信如是也則仲尼篇第七之下宜次以儒效篇第八人論篇第九王制篇第十序官篇第十一其富國王霸至堯問君子諸篇以次從第十二遞推至三十二而成相賦兩篇則別爲「孫卿賦」而不以入荀子庶幾還中壘校錄之舊觀矣此問題前此絕未嘗有人提起吾所推論亦別無旁證姑懸之以竢好事者疏證云爾

大小戴兩禮記。文多與荀子相同。今互舉其篇名如下。

兩戴記	荀子
小戴三年問篇 大戴禮三本篇	荀子禮論篇
小戴樂記篇 小戴鄉飲酒義篇	荀子樂論篇
小戴聘義篇	荀子法行篇
大戴勸學篇	荀子勸學篇
大戴曾子立事篇	荀子修身篇 荀子大略篇

凡此皆當認爲禮記采荀子。不能謂荀子襲禮記。蓋禮記本漢儒所裒集之叢編雜采諸各家著述耳。然因此可推見兩戴記中其摭拾荀卿緒論而不著其名者或尚不少。而荀子書中亦難保無荀卿以外之著作攙入。蓋荀子書亦由漢儒各自傳寫諸本共得三百餘篇。未必本本從同。劉向將諸本冶爲一爐。但刪其重複。其曾否懸何種標準以鑑別眞僞。則向所未言也。楊倞將大略宥坐子道法行哀公堯問六篇降附於末。似有特識。宥坐以下五篇。文義膚淺。大略篇雖間有精語。然皆斷片。故此六篇宜認爲漢儒所雜錄。非荀子之舊。其餘二十六篇有無竄亂或缺損。則尚待細勘也。

荀子學術梗概及書中最重要之諸篇

荀子與孟子。爲儒家兩大師。雖謂儒家學派得二子然後成立。亦不爲過。然荀子之學。自有其門庭堂奧。不特與孟子異撰。且其學有並非孔子所能賅者。今舉其要點如下。

第一。荀子之最大特色。在其性惡論。性惡論之旨趣。在不認人類爲天賦本能所支配。而極尊重後起的人爲。故其教曰『化性起僞』。僞字从人从爲。卽人爲之義。

第二。惟其如是。故深信學問萬能。其教曰「習」曰「積」。謂習與積之結果。能使人盡變其舊。前後若兩人。若爲向上的習積。則『積善成德而聖心備』。是卽全人格之實現也。後世有提倡「一超直入」之法門者。與「積」之義相反。最爲荀子所不取。

第三。學問如何然後能得。荀子以爲全視其所受教育何如。故主張『隆師』。而與孟子『雖無文王猶興』之說異。

第四。名師或不獲親接。則求諸古籍。故荀子以傳經爲業。漢代諸經傳受。幾無一不自彼出。說詳汪容甫荀卿子通論而其守師法皆極嚴。

第五。既重習而不重性。則不問遺傳而專問環境。環境之改善。荀子以爲其工具在『文理』——文物與條理。文理之結晶體謂之「禮」。故其言政治言教育皆以禮爲中心。

第六。『禮時爲大』。故主張法後王而不貴復古。

第七。『禮』之表現。在其名物度數。荀子既尊禮學。故常教人對於心物兩界之現象。爲極嚴正極綿密之客觀的考察。其結果與近世所謂科學精神頗相近。

以吾所見荀子學術之全體大用大略如是。蓋釐然成爲一系統的組織。而示學者以可尋之軌也今將全書各篇重要之內容論次如下。次第依今本

勸學篇。上半篇自『學不可以已』起至『安有不聞者乎』止采入大戴禮記。大旨言性非本善。待學而後善。其要點在力言「假於物」之義。「漸積」之義。以明教育效能。其下半篇則雜論求學及應問方法。

修身篇。教人以矯正本性之方法。結論歸於隆禮而尊師。

不苟篇。教人審度事理。爲適宜之因應。

榮辱篇。論榮辱皆由人所自取。中多闡發性惡語。

非相篇。篇首一段。闢相術之迷信。編錄者因取以爲篇名。內中有「法後王」一段。實荀卿學說特色之一。篇末論『談說之術』兩段亦甚要。

非十二子篇。本篇批評當時各家學派之錯誤。並箴砭學風之闕失。內中所述各派。實爲古代學術史之重要史料。

仲尼篇。本篇多雜論。無甚精采。

儒效篇。大旨爲儒術辨護。內中有『隆性隆積』一段。爲性惡論之要語。

王制篇。以下五篇皆荀子政治論。本篇論社會原理有極精語。

富國篇。本篇論生計原理。全部皆極精。末兩段言「非攻」及外交術。文義與全篇不甚相屬。

王霸篇。本篇言政術。多對當時立言。

君道篇　本篇論「人治」與「法治」之得失有精語。

臣道篇。致仕篇。此兩篇無甚精采。

議兵篇。彊國篇。此兩篇承認當時社會上最流行之國家主義而去其太甚。

天論篇。本篇批駁先天前定之說主張以人力征服天行是荀子哲學中極有力量的一部分。

正論篇。本篇雜取世俗之論批評而矯正之全篇不甚有系統惟末兩段批評宋鈃最爲可貴因宋鈃學說不多見得此可知其概也。

禮論篇。禮學爲荀子所最重本篇自爲書中重要之篇惟細繹全文似是湊集而成其第一段論禮之起原最精要『禮有三本』以下大戴禮記采錄爲禮三本篇『三年之喪何也』以下小戴禮記采錄爲三年問篇。

樂論篇。本篇一部分采入小戴禮記樂記篇其論音樂原理及音樂與人生之關係最精但樂記所說尤爲詳盡未知是編小戴者將本篇補充耶抑傳鈔本篇者有遺闕耶。

解蔽篇　本篇爲荀子心理學其言精深而肅括最當精讀且應用之於修養。

正名篇。本篇爲荀子之邏輯學條理綿密讀之益人神智（宜與春秋繁露深察名號篇同讀）。

性惡篇。本篇爲荀子哲學之出發點最當精讀。

成相篇。賦篇。此二篇爲荀子的美文本不在本書之內略瀏覽知文體之一種可耳。

君子篇。大略篇。宥坐篇。子道篇。法行篇。哀公篇。堯問篇。此七篇疑非荀子著作不讀亦可。

讀荀子法　讀荀子有兩種目的。第一。爲修養應用。第二。爲學術的研究。

爲修養應用起見。讀荀子最能喚起吾輩之自治力。常檢束自己。不至鬆弛墮落。又資質稍駑下之人。讀之得「人定勝天」的信仰。能增加其勇氣。又其理論之剖析刻入處。讀之能令思慮縝密。遇事能斷。是故讀孟子之益處。在發揚志氣。讀荀子之益處。在鍛鍊心能。二者不可偏廢。爲此種目的而讀荀子。宜將心賞之格言。分類摘鈔。——如有益於修身者。有益於應事者。有益於治學方法者。——常常熟諷牢記、隨時參證於己身。庶幾荀子所謂『博學而日參己。則知明而行無過矣。』

爲學術的研究起見。其目的在求了解荀子學術之全系統。及其在學術史上之位置。此種讀法。宜特別注重數篇。——（最初讀勸學篇。觀其大概。次讀性惡篇。觀其思想根核所在。次讀解蔽正名天論三篇。觀其所衍之條理。次讀禮論樂論兩篇。觀其應用於社會所操之工具如何。次讀正論篇非十二子篇。觀其對於異派之攻難及辯護。如是則可以了解荀子之哲學及其敎育。次讀富國君道王制三篇。則可以了解荀子之政治學及其政術。更次則榮辱非相兩篇。）間有極精之語。但不名一類。宜擷取爲補助。以上諸篇。極須精讀。餘篇涉覽足矣。

凡欲徹底了解一家學說。最好標舉若干問題爲綱領。將全書中關涉此問題之語句。悉數鈔錄。比較鉤稽。以求其眞意之所存。例如荀子之所謂性僞。所謂積。所謂習與化。所謂名。所謂禮。所謂蔽。……等等。皆其主要問題也。各篇皆有論及。類鈔而比觀之。始能得其全豹。

凡立言總帶有幾分時代彩色。故孟子貴『知人論世』。荀子生今二千餘年前。其言有專爲當時之社會而發者。自當分別觀之。不可盲從以責效於今日。但亦不可以今日眼光繩之。遂抹殺其在當日之價值也。至於其學說之含有永久性者——即並非對於時代問題而發言者。則無論何時。皆可以資其嚴刻之評騭也。

荀子書多古訓。其語法亦多與近代文不同。且脫誤之字頗不少。故有時非藉注釋不能了解。舊注惟唐楊倞一家。前清乾嘉以降。校釋者復數家。最先者爲謝墉盧文弨合校本。浙刻二十二子所采是也。次則郝懿行之荀子補注。王念孫之讀荀子雜志。俞樾之荀子平議。自有此諸書。而荀子始可讀矣。近人王先謙裒諸家所釋。間下己意。爲荀子集解。現行荀子注釋書。無出其右。讀者宜置一本也。

韓非子

韓非行歷　有數十萬言著作之一學者。而其生平事蹟在作品中幾一無可考。如韓非者。可謂大奇。吾輩欲研究韓非爲人。乃不能不僅以史記老莊申韓列傳區區之資料自甘。傳云『韓非者。韓之諸公子也。喜刑名法術之學。而其歸本於黃老……善著書。與李斯俱事荀卿。李斯自以爲不如非。見韓之削弱。數以書干韓王。韓王不能用。於是……作孤憤五蠹內外儲說林說難十餘萬言。人或傳其書至秦。秦王見孤憤五蠹之書。曰「嗟乎。寡人得見此人與遊。死不恨矣」李斯曰『此韓非之所著書也』秦因急攻韓。韓始不用非。及急。乃遣非使秦。秦王悅之。未信用。李斯姚賈害之。秦王……下吏治非。李斯使人遺非藥。使自殺……』案秦本紀六國表。非之使秦在始皇十四年。韓世家言在安王五年則當爲始皇十三年當以紀表爲是其被害當在此一兩年間。則非之卒。蓋當西紀前二三三年或二三二年。生年則無可考矣。其著書蓋在使秦以前。司馬遷報任安書有『韓非囚秦。說難孤憤』語。與本傳矛盾。恐不足信。計非自下吏至自殺。爲時必甚暫。豈有餘裕成此巨著耶。遷書所云『文王幽而演周易仲尼阨而作春秋屈原放逐乃賦離騷左丘失明厥有國語孫子臏腳兵法修列不韋遷蜀世傳呂覽韓非囚秦說難孤憤詩三百篇大抵聖賢發憤之所爲作也』除左丘孫臏事未有明確反證外其餘六事幾無一不與事實相違且反證卽大半可從史記中覓出亦一奇也因論韓非輒附及之吾儕在本書中雖不能多得韓非事蹟。然其性格則可想見。彼蓋一極倔强之人。確守其所信而不肯自枉以蘄合於流俗。彼固預知其不能免於世禍。然終亦不求自免。其遇可哀。而其志可敬也。

韓非子書中疑僞之諸篇

漢書藝文志『韓子五十五篇』。隋書經籍志『韓子二十卷』。今本篇數卷數並同。故學者率以爲今本卽漢隋兩志原本。且謂全書皆韓非手撰。然隋唐閒類書所引韓子佚文不下百餘條。（看王先愼韓非子集解卷首）則今本之非其舊可知。諸篇中亦有可確證或推定其非出非手著者。如：

初見秦篇。此篇爲張儀說秦惠王之詞。明見於戰國策。吳師道顧廣圻輩乃據本書而指國策爲誤。可謂無識。篇中言『天下陰燕陽魏連荆固齊收韓而成縱將西面以與秦爲難』此明是蘇秦合縱時形勢。若至韓非時。他國且勿論。如彼韓者則存韓篇明云『韓事秦三十餘年……入貢職與郡縣無異』豈復有『與秦爲難』之勇氣耶。

存韓篇。此篇前半。當是非使秦時所上書。惟後半自『詔以韓客之所上書書言韓之未可舉下臣斯』以下備載李斯駁論及秦韓交涉事蹟。明是當時秦史官或李斯徒黨所記錄。決非出非手。

有度篇。言『荆齊燕魏今皆亡國』。明是秦始皇二十六年後人語。距非之死逾十年矣。

以上三篇。皆從文句上得有反證。可決其不出非手。既有三篇不可信。則餘篇亦豈遽能盡信。大抵漢初搜羅遺書，以多爲貴。『買菜求添』。恆所不免。而傳鈔纂錄者又非皆有鑑別之識。故所傳諸子書不被竄亂者蓋尠。不獨韓非爲然矣。

太史公述韓非書。標舉孤憤五蠹內外儲說林說難爲代表。則此諸篇當爲最可信之作品。（最少亦太史公認爲最可信）吾儕試以此諸篇爲基礎。從文體上及根本思想上研究。以衡量餘篇。則其孰爲近眞。孰爲疑僞。亦有可言者。以文體論。孤憤五蠹等篇之文。皆緊峭深刻。廉勁而銳達。無一枝辭。反之若主道有度二柄揚搉八姦十過等篇。頗有膚廓語。主道揚搉多用韵。（孤憤等篇絕無此體）文體酷肖淮南子。二柄八姦十過等。頗類管子中之一部分。（管子多屬戰國秦漢間作品別詳彼書題解）忠孝人主飭令心度制分諸篇亦然。以根本思想論。太史公謂『韓子引繩墨切事情明是非。』蓋韓非爲最嚴正的法治主義者。爲最綜覈的名學家。與當時似是而非的法家言——如主張用術主張用勢等——皆有別。書中餘篇。（如前所列各篇多半是）或多撫拾法家常談。而本意與孤憤五蠹等篇不無相戾。此是否出一人手。不能無疑。

要之今本韓非子五十五篇。除首兩篇外。謂全部爲法家言淵海則可。謂全部皆韓非作。尙待商量。但吾儕當未能得有絕對反證以前。亦不敢武斷某篇之必爲僞。姑提出一二標準。備自己及同志者之賡續研究耳。

韓非子中最重要之諸篇

欲知韓非學說之眞際。宜先讀以下各篇。

五蠹篇。　從社會起原及社會組織古今變遷之實況說起。以證明法治主義之合理。頗肖唯物史觀派口吻。

顯學篇。　對於當時儒墨兩大派作正面攻擊。使法家言成立。（此篇尤以攻擊儒家爲最烈別有問田篇與墨家鉅子田鳩辨難）

定法篇。　當時法家共宗商鞅申不害。此篇批評其不徹底之點。以成韓子之「新法家學說」

難勢篇。　專駁愼到之勢治主義。愼到蓋由道家過渡到法家之一派也。

問辯篇。攻擊惠施公孫龍一派之名家言。謂其詭辯而無功用。

孤憤篇。此篇言純正法家言與社會不相容之故。最能表示著者反抗時代的精神。

說難篇。從心理方面研究發言之方法及效率。淵淵入微。

次要諸篇

六反篇。八說篇。八經篇。此三篇皆反覆證成己說。中多精語。

內外儲說共六篇。此六篇體裁頗奇。每篇首一段名為「經」。標舉所陳之義而證以實例。實例各以一句檃括為目。其下則為傳。（但無傳名）詳述其所引實例之始末。所引實例含有小說的性質者較多。

說林上下篇。似是預備作內外儲說之資料。

難一難二難三難四四篇。專對於不合理的事實或學說而下批評。多精嚴語。後此王充論衡正學其體。

解老篇喻老篇。專訓釋老子。蓋韓非哲學根本思想『歸於黃老』也。解老篇精語尤多。為治老子者首應讀之書。

難言篇。愛臣篇。飾邪篇。蓋非早年上韓王之書。多對於時事發言。

韓非子校釋書及其讀法

韓非子舊有尹知章注。見唐書藝文志。久佚。今本注不知出誰氏。元何犿稱舊有李瓚注。或即其人。其年代亦無考。此書間有艱深之文句。非注不解。且多譌舛。非校不明。今注蕪淺。殊不足副讀者之望。清儒盧文弨顧廣圻王念孫俞樾孫詒讓先後有所校釋。而王先慎采葺之作韓非子集解。現在釋韓非之書無出其右矣。然盧王諸家對是書用力似不如他書之勤。故遺義尚不少。王先慎學識亦凡近。罕所發明。故此書之整理。尚有望於後起也。

韓非爲先秦諸子之殿。親受業荀卿。洞悉儒家癥結。『其歸本於黃老』。監道家之精。與田鳩遊。通墨家之郵。又汎濫於申商施龍。而悉抉其籓。以自成一家言。以極緻密深刻之頭腦。生諸大師之後。審處而斷制之。其所成就之能大過人。則亦時代使然也。故其書與老墨莊孟荀同爲不可不讀之書。不必專門學者也。一般人皆然。

讀韓非子。宜略依前列各篇之次第讀之。先明其根本思想所在。管子商君書等。多由韓非並時人或後人摭拾而成。可作本書附屬品讀。

欲知韓非思想之淵源。則胡適中國哲學史大綱及吾所著先秦政治思想史。皆可參看。但切勿爲其所囿。韓學研究。今尚幼稚。可闢之殖民地甚多也。

韓非子文章價值。唐宋以來文人多能言之。其文最長處在壁壘森嚴。能自立於不敗之地。以摧敵鋒。非深於名學者不能幾也。故在今日尤宜學之。內外儲說等篇。在「純文學上」亦有價值。

左傳　國語

左傳之來歷

左傳。舉全稱則春秋左氏傳。漢書藝文志『春秋古經十二篇。左氏傳三十卷』。原注云。『左丘明。魯太史』。左傳著錄始此。志所錄劉歆七略文云。『仲尼……以魯……史官有法。故與左丘明觀其史記。……有所褒諱貶損。不可書見。口授弟子。弟子退而異言。丘明恐弟子各安其意。以失其眞。故論本事而作傳。明夫子不以空言說經也』。前乎此者。則史記十二諸侯年表云。『孔子。……西觀周室。論史記舊聞。與於魯而次春秋。……七十子之徒。口受其傳指。爲有所刺譏褒諱挹損之文辭。不可以書見也。魯君子左丘明。懼弟子人人異端。各安其意。失其眞。故因孔子史記具論其語。成左氏春秋」據此則左傳爲注釋孔子之春秋而作。與春秋同時先後成書。似甚明。

雖然。考漢代對於左傳傳習經過之事實。則不能無疑。蓋西漢一代經師。似未嘗以此書爲與春秋經有何等關係。起而張之者。實自劉歆始。漢書歆傳云『歆校中祕書。見古文春秋左氏傳。大好之。……初左氏傳多古字古言。學者傳訓故而已。及歆治左氏。引傳文以解經。轉相發明。……歆以爲左丘明好惡與聖人同。親見夫子。而公羊穀梁在七十子後。傳聞之與親見之。其詳略不同。……及歆親近。欲建立左氏春秋及毛詩逸禮古文尚書。皆列於學官。……諸博士或不肯置對。歆因移書太常博士。責讓之曰「……春秋左氏。丘明所修。……藏於祕府。伏而未發。……綴學之士。不思廢絕之闕。……信口說而背傳記。是末師而非往古。……猶欲抱殘守缺。挾恐見破之私意。而無從善服義之公心。……以尙書爲備。謂左氏爲不傳春秋。豈不哀哉。……」其言甚切。諸儒皆怨恨。是時名儒光祿大夫龔勝。以歆移書。上書深自罪責。願乞骸骨罷。及儒者師丹爲大司空。亦大怒。奏歆改亂舊章。……』據本傳所記。吾儕可以得下列各項事實。（一）左傳『藏於祕府』。外人罕得見。歆校中祕書乃見之。（二）『引傳文以解經』。自歆始。前此無有。（三）諸博士皆謂『左氏爲不傳春秋』。（四）歆以全力爭立此書於學官。至於激動公憤。

左氏不傳春秋

既有此類事實。吾輩對於左傳。當然不能不引起懷疑。第一。左傳全書眞僞問題。第二。左傳對於春秋有無關係之問題。第一問題極易解決。因書中皆記春秋時代實事。斷非後人所能全部捏造。且史記徵引其文甚多。司馬遷已見其書。可見非西漢末年始有。故今所當討論者。惟在第二問題。

對於此問題之解答。吾輩蓋左袒漢博士『左氏不傳春秋』之說。案左氏釋經之文有不可解者四端。

一。無經之傳。例如隱五年『曲沃莊伯伐翼。……翼侯奔隨』。經本無關於此事之文。何以有傳。夫傳以釋經。既無經可謂傳乎。

二。有經而不釋經之傳。凡傳以釋經義。非述其事也。例如隱五年『九月初獻六羽』。公羊傳曰『何以書。譏始僭諸公也』。是釋其義也。左傳但述羽數。此與經同述一義耳。豈似傳體。

三。釋不書於經之傳。例如隱元年『五月費伯帥師城郎。不書非公命也』。夫釋經而釋不書於經者。則傳書者不當釋黃帝何以無典。吳楚何以無風乎。

四。釋經而顯違經意之傳。例如隱三年書『尹氏卒』。公羊傳云。『譏世卿』。爲昭二十三年『尹氏立王子朝』張本也。此孔子反對貴族政體之大義。書中蓋屢見。左氏改「尹」爲「君」。謂爲隱公之母。凡以避世卿之譏。袒庇王氏而已。

要之孔子之春秋。孟子所謂『其事則齊桓晉文。其文則史。其義則丘竊取之矣』。董生所謂『文成數萬。其指數千。萬物聚散皆在春秋』。蓋每條皆必有所謂「義」。所謂「指」者存焉。若如左氏所釋。則全書皆魯史官之舊。而孔子僅得比於一鈔胥。此何爲者。故左氏自左氏。春秋自春秋。「引傳解經」。實劉歆作俑耳。

左氏春秋與國語　然則左氏原書當何如。史記太史公自序云『左丘失明。厥有國語』。五帝本紀云『余觀春秋國語』。似司馬遷所見而據爲資料者。只有一部國語。而史記各篇引今本左傳文甚多。引今本國語文甚少。因此惹起一問題。司馬遷所見國語。是否卽爲今本國語。史記所引左傳諸文。是否包含在遷所見國語之中。質言之則左傳國語是一是二之問題也。韋昭國語解敍云『左丘明……復釆錄前世穆王以來下訖魯悼智伯之誅。……以爲國語。其文不主於經。故號曰外傳。』此東漢人之說。蓋起自左傳盛行之後。號曰「外傳」對左氏之爲內傳言也。然今本國語則大怪。論其年代。固以春秋爲中堅。與春秋一書時代略相函。然其中述隱元年至哀十四年二百四十年間事反極少。將極主要之部分概從闕略。再反觀今本左傳亦大怪。旣云釋春秋。自當以隱元年至哀十四年爲起訖之大限。乃發端記『惠公元妃孟子……』事已在隱前。猶可曰爲隱公攝位直接張本。不得不追述也。至如桓二年『晉穆侯夫人姜氏以條之役生太子……』一篇所記事遠在春秋前數十年。經中亦絕無關於此事之文。釋經而縷縷道此。果何爲者。全書最末一篇記悼四年智伯之滅。又遠在獲麟後數十年。與孔子的春秋有何關係。釋經而縷縷道此又何爲者。是故今本國語與今本左傳。若析而爲二。則兩書皆可謂自亂其例。不足以列於著作之林。若合而爲一。則西周末東周初三百餘年間一良史也。其書則本名國語。或亦稱左氏春秋。「左氏春秋」者。猶晏子春秋。呂氏春秋。純爲一獨立之著述。與孔子之春秋絕無主從的關係也。其由「左氏春秋……」而變成「春秋左氏傳」。則自劉歆之引傳解經始也。以上所推測若不謬。則所得結論爲左列數項。

一。國語卽左氏春秋。並非二書。

二。其書分國爲紀。並非編年。

三。劉歆將魯惠隱間迄哀悼間之一部分抽出。改爲編年體。取以與孔子所作春秋年限相比附。謂之春秋左氏傳。其餘無可比附者。剔出。仍其舊名及舊體例。謂之國語。

四。凡今本左傳釋經之文。皆非原書所有。皆劉歆「引傳釋經」之結果。內中有『君子曰』云云者亦同。

五。其餘全書中經劉歆竄入者當不少。

關於考證左傳眞僞之參考書。

劉逢祿　左傳春秋考證

康有爲　新學僞經考　關於左傳之部

崔　適　史記探原　關於左傳之都

左傳國語之著作者年代及其史的價值

攷證至此。則此書之著作者及其年代。將皆成問題。依史記十二諸侯年表及漢書藝文志。則著者性左名丘明。志謂爲孔子弟子。表謂爲魯之君子。然太史公自序云。『左丘失明。厥有國語。』則其人名丘。非名丘明也。且旣爲孔子弟子。則仲尼弟子列傳何故遺之。因此則十二諸侯年表有無經後人竄亂。且成問題。崔適直指爲竄亂——說詳史記探原卷四頁二謂爲「孔子弟子左丘明」者。作僞者因論語有『左丘明恥之丘亦恥之』之語。因影射之謂『好惡與聖人同』耳。其書旣『不傳春秋』。則所謂『與孔子觀史記』云云皆屬虛構。而其人殆不名丘明。但此屬小節且勿論。究竟左氏其人者何時人耶。左傳國語皆述晉滅智伯事。國語述越滅吳事。事皆在孔子卒後二十餘年。則其成書最早亦後於孔子作春秋約三十年矣。尤足怪者。「臘」爲秦節。「庶長」爲秦爵。而此兩名乃見於左傳。且「庶長」者商鞅所設之武功爵也。而作者道之。得毋其成書乃在商鞅相秦後耶。記陳敬仲事曰。『八世之後。莫之與京。』記季札適魯聽樂曰。『鄭其先亡乎。』適晉。說趙文子韓宣子魏獻子曰。『晉國其萃於三族乎。』左氏好語神怪。種種「浮夸」之詞（用韓愈評語）本數見不鮮。然當敬仲初亡命於齊時。而決言其八世之後必篡齊。當鄭七卿輯睦時。而決言其必先亡。當晉范中行全盛時。而決言其必萃於韓趙魏。預言脗合至此。寧復情理。以常識判之。則謂其書成於田氏伐齊。三家分晉。韓滅鄭以後。殆不爲過。故先輩或以左傳爲戰國初期作品。上距孔子卒百年前後。吾頗信之。

右所指摘者。皆非關後人竄亂。實原書固有之瑕類也。浮夸如此。然則其所記述。尙有史的價値否耶。換言之。則吾輩應認此書爲信史否耶。平心而論。歷史間雜神話。良爲古代任何民族之所不能免。左傳在許多中外古史中。比較的已算簡潔。所記之事。經作者剪裁潤色。帶幾分文學的（寓言的）色彩者。固所在而有。然大部分蓋本諸當時史官之實錄。試將前半部與後半部比較。其文體不同之處。尙可以看出。知其所據原料。多屬各時代舊文。故時代精神。能於字裏行間到處表現也。要之國語左傳。實二千年前最可寶貴之史料。不容以小疵掩其大醇也。

讀左傳法之一

我國現存史籍。若以近世史的觀念讀之。固無一能盡如人意。但吾儕試思。西歷紀元前四五百年之史部著作。全世界能有幾何。左傳一書。無論其原本爲分國紀載或編年紀載。要之不失爲一種有系統有別裁的作品。在全人類歷史學界。爲一先進者。故吾儕以世界的眼光觀察。已認此書爲有精讀的必要。若專就本國文獻論。則我族文化。實至春秋時代始漸成熟。其位置恰如個人之甫達成年。後此歷史上各方面文物之演進。其淵源皆溯諸春秋。故吾以爲欲斷代的研究國史。當以春秋時代爲出發點。若侈談三代以前。則易爲神話所亂。失史家嚴正態度。若僅注重秦漢以後。則中國國民性之根核。社會組織變遷之脉絡等。將皆無從理解。故吾常謂治國史者以清代史爲最要。次則春秋戰國。戰國苦無良史。（戰國策文學臭味太濃非嚴格的史）而春秋時代幸有一左傳。吾儕宜如何珍惜而實習也。

左傳一書內容極豐富。極複雜。作史料讀之。可謂最有價值而且有趣味。在文獻學上任何方面皆可以於本書中得若干資料以爲研究基礎。蓋此書性質雖屬政治史。然對於社會情狀常能爲撮影的記述。試以資治通鑑比之。當感通鑑純爲政治的。而左傳實兼爲社會的也。所以能如此者。固由左氏史識特高。抑亦歷史本身使然。其一。春秋時代各地方皆在較狹的區域內分化發展。政治上乃至文化上並無超越的中心點。故其史體與後來之專以京師政局作主腦者有異。其二。彼時代之社會組織純爲階級的。一切文化皆貴族階級之產物。貴族階級雖非多數的。然究竟已爲複數的。故其史體與後來之專爲皇帝一人作起居注者有異。左傳所敍述之對象。——史的實質如此。此其所以在古史中能有其特殊之價值也。

古今治左傳者多矣。以研究方法論。吾以爲莫良於顧棟高之春秋大事表。彼書蓋先定出若干門類。爲自己研究範圍。然後將全部書拆散。擷取各部分資料以供自己駕馭。記曰。『屬辭比事春秋之教』。顧書眞能善屬而善比者。吾以爲凡讀史皆當用此法。不獨左傳也。但吾對於此書稍覺不滿者有三端。第一。嫌其體裁專限於表。用表法誠極善。顧書各表慘淡經營。令人心折者誠極多。但仍有許多資料非用表的形式所能整理者。顧氏以「表」名其書。自不容不以能表者爲限。吾儕賡續研治則須廣其意以盡其用也。第二。嫌其所表偏於政治。左傳本屬政治史。多表政治。固所當然。然政治以外之事項可表者正自不少。是宜有以補之。第三。嫌其多表釋經語。『左氏不傳春秋』。爲吾儕所確信。今對於劉歆引傳釋經之語。研究其義例。非惟枉費精力。抑亦使春秋之旨愈荒也。此三端吾以爲對於顧著宜修正或增益者。但其方法則吾無間然。願學者循其矩而神而明之也。

馬驌左傳事緯高士奇左傳記事本末皆仿袁樞治通鑑之例。以一事之起訖編年。此亦讀左氏之一法。惟其所分之事。或失諸細碎。而大者反割裂遺漏。學者如能用其法而以己之律令斷制之。所得或較多也。

吾儕今日治左傳。最好以社會學者的眼光治之。不斤斤於一國一事件之興亡得失。而多注意於當時全社會共同現象。例如當時貴族階級如何受教育法。所受者爲何種教育。當時貴族政治之合議組織如何。其政權授受程序如何。當時地方行政狀況如何。當時國際交涉之法例如何。當時財產所有權及其承襲與後來之異同奚若。當時婚姻制度與後來之異同奚若。當時人對於自然界災變作何等觀念。當時可稱爲宗敎者有多少種類。其性質何如。……如此之類。隨時特拈出所欲研究之問題。通全書以搜索資料。資料略集。乃比次而論斷之。所研究積數十題。則一時代之社會遺影略可覩矣。

吾儕研究史料。往往有須於無文字中求之者。例如（一）春秋時代是否已行用金屬貨幣。（二）春　時代是否有井田。（三）春秋時代是否用鐵器。（四）春秋時代會否有不行貴族政治之國家。……諸如此類。留心研索。亦可以拈出若干題。若其可作反證之資料甚缺乏。乃至絕無。則否定之斷案。或遂可成立。此亦治古史之一妙用也。

以上所述。皆史學家應採之通法。無論讀何史皆可用之。不獨左傳。但左傳既爲最古之史。且內容甚豐。取材較易。先從彼著手。最可引起趣味也。

讀左傳法之二

左傳自宋以來。列於五經。形成國民常識之一部。故雖非專門史學家。亦當一讀。其中嘉言懿行，有益修養及應世之務者不少，宜闇記或鈔錄之。

左傳文章優美，其記事文對於極複雜之事項，——如五大戰役等，綱領提挈得極嚴謹而分明，情節敍述得極委曲而簡潔，可謂極技術之能事，其記言文淵懿美茂，而生氣勃勃，後此亦殆未有其比，又其文雖時代甚古，然無佶屈聱牙之病，頗易誦習，故專以學文爲目的，左傳亦應在精讀之列也。

詩經

詩經之年代

詩經爲古籍中最純粹可信之書，絕不發生眞僞問題，故但考其年代已足。

孟子云『王者之迹熄而詩亡，詩亡然後春秋作。』未述詩之起原而惟概指其終局，似論三百篇皆春秋前作品也。今案各篇年代最古而有徵者爲商頌五篇，國語云『正考父校商之名頌十二篇於周大師，以那爲首。』鄭司農云『自考父至孔子又亡其七篇。』後世說詩者或以今商頌爲考父作，此誤讀國語耳，此五篇乃至十二篇者，殆商代郊祀樂章，春秋時宋國沿用之，故得傳於後，猶漢魏郊祀樂府至今雖失其調而猶存其文也。其次則豳風之七月一篇，後世注家謂周公述后稷公劉之德而作，然羌無實據，玩詩語但應爲周人自豳遷岐以前之民間作品，且篇首『七月流火九月授衣』云云，所用爲夏正，故亦可推定爲夏時代作品（？）果爾則三百篇中此爲最古，且現存一切文學作品中亦此爲最古矣。其最晚者如秦風之『我送舅氏曰至渭陽』相傳爲秦襄公送晉文公之詩，如陳風之『胡爲乎株林從夏南』相傳爲刺陳靈公暱夏姬之詩，果爾則爲春秋中葉作品，然盡人皆可有舅，不必秦康，夏南爲夏姬雖極近似，亦無以證其必然，故詩訖何年，實難論定，惟魯頌閟宮篇『周公之孫莊公之子』其爲魯僖公時作品更無可疑則三百篇中不乏春秋時作品蓋可推斷然國風有豳鄘唐魏皆春秋前舊國二雅有多篇可考定爲周厲宣時事則假定全書諸篇以西周末東周初——約西紀前九百年至七百年——時人所作爲中堅其間最古之若干篇約距今三千四五百年前最晚之若干篇約距今二千六七百年前（？）雖不中不甚遠矣

然則何故惟彼時代獨有詩——或詩獨盛耶其一社會文化漸臻成熟之後始能有優美的文藝作品出現『周監二代郁郁乎文』中國社會脫離僿野狀態實自周始周初猶屬啓蒙時代故可傳之作品尙少至東遷前後人文益進名作乃漸多又詩本爲表情之具周初社會靜謐衝動情感之資料較少東遷前後亂離呻吟不期而全社會强烈之感情被蒸發焉此或亦多詩之一因也其二問者曰若爾則春秋中葉以後詩宜更多曷爲反少此問題復可作兩種解答一文體本逐時代而變遷此類之詩盛行已數百年或春秋中葉以後漸爲社會所厭倦不復有名作二「輶軒采詩」之制度傳記屢言吾儕應認爲事實的存在三百篇之輯集成書殆由於此此事本爲周代美政之一由王室行之春秋以降王室式微斯典乃廢雖有歌什莫爲擷纂遂至淪逸孟子所謂『王迹熄而詩亡』也

孔子刪詩說不足信　史記孔子世家云『古者詩三千餘篇及至孔子去其重取可施於禮義上采契后稷中述殷周之盛至幽厲之缺三百五篇』此說若確則今本詩經實爲孔子所手選如徐孝穆之選玉臺新詠王介甫之選唐百家詩然漢唐學者多不信此說孔穎達云『書傳所引之詩見在者多亡逸者少則孔子所錄不容十分去九遷言未可信也』謹案論語云『詩三百一言以蔽之……』又云『誦詩三百授之以政不

達……』。此皆孔子之言。而述詩篇數。輒舉三百。可見孔子素所誦習。即止此數。而非其所自刪明矣。左傳記吳季札適魯觀樂。事在孔子前。而所歌之風。無出今十五國外者。益可為三百篇非定自孔子之明證。且孔子如刪詩也。則以何為標準耶。如後人所謂「貞淫」耶。鄭衛言情之作。具在未嘗刪也。且如逸詩之見於傳記者。如論語之『唐棣之華。偏其反而。豈不爾思。室是遠而。』如左傳之『雖有絲麻。無棄菅蒯。雖有姬姜。無棄憔悴。』『思我王度。式如玉。式如金。形民之力。而無醉飽之心。』凡此之類。何字何句悖於「禮義」。而孔子乃刪之哉。是故以吾儕所信。則孔子決無刪詩之事。今三百篇是否曾經一度有意識的編纂。不可深考。藉曰有之。則編纂者或史官太師之屬。不能確指為誰。要之春秋時士大夫所同諷誦者。即此三百餘篇。縱有佚亡。亦不過百之一二。此則按諸故實而略可斷言者也。

然則孔子之於詩經。未嘗有所致力耶。曰有之。論語述孔子言曰。『吾自衛反魯。然後樂正。雅頌各得其所。』孔子世家曰。『詩三百篇。孔子皆弦而歌之。以求合韶武雅頌之音。』莊子曰。『孔子誦詩三百。歌詩三百。弦詩三百。舞詩三百。』竊意前此之詩。不皆能入樂。或入樂而淪紊其譜。孔子最嗜音樂。最通音樂。故反魯之後。以樂理詔魯太師。又取三百篇之譜闕者補之。舛者訂之。故云樂正。而雅頌得所。故云弦歌以求合韶武。是故雅頌之文猶昔也。失所得所。則弦之歌之舞之。而始見。孔子正樂。即正詩也。故樂無經。以詩為經。「雅言詩書執禮」。而無樂。樂在詩中。不可分也。詩樂合體。其或自孔子始也。（看魏源古詩微編之三夫子正樂論）

詩序之偽妄　詩經之傳授。在漢初則有魯齊韓三家立於學官。而古文毛氏傳晚出。東漢以後。毛獨行。而三家廢。今官書題此書為「毛詩」。而村學究且有呼為「毛經」者。可嘆亦可笑也。毛傳真偽。久成問題。吾於他書論今古文公案者已屢及之。今不再贅。而其僞中出僞貽誤後學最甚者尤莫如所謂「詩序」。「詩序」今附毛傳以行。每篇之首序說所以作此詩之意或並及作詩之人。首篇關雎之序特長。蓋千數百言總論全書旨趣。謂之大序。自餘各篇短者不及十言。較長者數十言。謂之小序。夫讀詩者恆欲知作詩之人與作詩之旨此人情也。而詩三百篇一一求其人與其旨以實之。殆不可能。故孟子貴『以意逆志』左傳稱『斷章取義』申公之授魯詩『無傳疑疑者蓋闕不傳。』韓嬰作韓詩外傳。劉向作新序。皆實行逆志斷章之教。西漢以前之說詩者類皆如此。今所謂詩序者。乃逐篇一一取其人與其旨鑿言之若有所受焉此所以爲學者所共樂習。二千年奉爲鴻寶以迄於茲也。

詩序誰所作耶。後漢書儒林傳述其來歷甚明。傳云。『謝曼卿善毛詩。乃爲其訓。衛宏從曼卿受學。因作毛詩序。善得風雅之旨。於今傳於世。』則序爲宏作。鐵案如山寧復有疑辯之餘地。乃隋唐以後之傳說則大可異。或云序之首句爲大毛公作。次句以下爲小毛公作。或云大序是子夏作。小序是子夏毛公合作。（隋書經籍志稱序爲子夏所創毛公及衛敬仲更加潤益）尤可駭者。宋程頤以大序爲孔子所作。小序爲當時國史所作。以史記漢書從未齒及之詩序范蔚宗時「傳於世」共知出衛宏手者。乃展轉攀引嫁名及於孔子子夏。而千餘年共認爲神聖不可侵犯之寶典眞不可思議之怪象矣。

詩非必皆無作者主名。然斷不能謂篇篇皆可得作者主名。詩非必皆無本事。然斷不能謂篇篇皆有本事。以三百篇論。則無主名無本事者其數必遠過於有主名有本事者。又至易見也。魯齊韓三家書雖亡其佚說時時見於他籍。間有述各篇之主名或年代或本事。則其義率較所謂毛詩序者爲長。（如以關雎爲康王時詩。以采薇爲懿王時詩，以騶虞爲主鳥獸之官，以賓之初筵爲衞武公飲酒悔過作之類，蓋有所受之也。毛詩家所謂大毛公小毛公者，是否有其人，本已屬問題，藉曰有之，然質諸劉歆班固，亦未言二毛有作序之事，而衞宏生東漢之初，果何所受而能知申公轅固韓嬰所不知，或另樹一說以與爲難者。故但考明詩序之來歷，則其書之無價値，本已不待辯。若細按其內容，則捧腹噴飯之資料更不可一二數。例如鄭風見有「仲」字則曰祭仲，見有「叔」字則曰共叔段，餘則連篇累牘皆曰「刺忽」「刺忽」。鄭立國數百年，豈其於仲段忽外遂無他人，而詩人謳歌，豈其於美刺仲段忽外遂無他情感。鑿空武斷，可笑一至此極。其餘諸篇，大率此類也。故欲治詩經者，非先將毛序拉雜摧燒之，其蔀障不知所極矣。看崔述讀風偶識卷一通論詩序卷二通論十三國風

朱熹集傳亦每篇述作詩之旨，而頗糾正衞序，較絜淨矣，而又別有其鑿空武斷之途，故學者宜並舉而廓清之。

風頌雅南釋名

「四詩」之說見於孔子世家，其說是否爲後人附益，尚難斷定。若古有此說，則甚易解。蓋三百篇本以類從，分爲四體：曰南，曰風，曰雅，曰頌。自毛詩序不得「南」之解，將周召二南儕於邶鄘以下之諸風，名爲「十五國風」，於是四詩餘其三，而析小大雅爲二以足之，詩體紊矣。今分釋其名如下。

一、釋南　詩鼓鍾篇『以雅以南』，「南」與「雅」對舉，雅既爲詩之一體，則南亦必爲詩之一體，甚明。禮記文王世子之『胥鼓南』，左傳之『象箾南籥』，皆指此也。此體詩何以名之爲「南」，無從臆斷。毛氏於鼓鍾傳云『南夷之樂曰南』，周禮旄人鄭注、公羊昭二十五年何注皆云『南方之樂曰任』，「南」「任」同音，當本一字，乃至後此漢魏樂府所謂「盬」所謂「豔」者河鵲盬歸國盬突厥盬黃帝盬疏勒盬三婦豔亦即此字所變衍，蓋未可知。但毛詩序必謂鼓鍾之「南」非二南之「南」，其釋二南則謂『南言王化自北而南』，

則望文生義極可笑此如某帖括家選古詩解昔昔鹽爲食鹽矣竊意「南」爲當時一種音樂之名其節奏蓋自爲一體與雅頌等不同據儀禮鄉飲酒禮燕禮皆於工歌間歌笙奏之後終以合樂合樂所歌爲周南之關雎葛覃卷耳召南之鵲巢采蘩采蘋論語亦云『關雎之亂洋洋乎盈耳哉』「亂」者曲終所奏也綜合此種資料以推測「南」似爲一種合唱的音樂於樂終時歌之歌者不限於樂工故曰『其亂洋洋盈耳』矣

二 釋風 毛詩序釋「風」字之義謂『上以風化下下以風刺上』亦是望文生義竊疑風者諷也爲諷誦之諷字之本文漢書藝文志云『不歌而誦謂之賦』「風」殆只能諷誦而不能歌者故儀禮禮記左傳中所歌之詩惟風無有左傳述宴享時所及之風詩則皆賦也正所謂不歌而誦也左傳季札觀樂徧歌各國風其文可疑恐是孔子正樂以後之學者所記詳左傳解題後此風能歌與否不可知若能恐在孔子正樂後也

三 釋雅 雅者正也殆周代最通行之樂公認爲正聲故謂之雅儀禮鄉飲酒云『工歌鹿鳴四牡皇皇者華笙南陔白華華黍乃間歌魚麗笙由庚歌南有嘉魚笙崇丘歌南山有臺笙由儀……工告於樂正曰「正樂備」……』笙詩六篇有聲無辭晉束晳謂其亡而補之妄也竊疑歌與笙同時合作相依而節如今西樂所謂「伴奏」例如歌魚麗時即笙由庚以爲伴由庚但有音符之譜而無辭可歌其音節則與所歌魚麗相應也南陔之與鹿鳴白華之與四牡華黍之與皇皇者華崇丘之與南有嘉魚由儀之與南山有臺並同凡小雅大雅之詩皆用此體故謂之正樂謂之雅

四 釋頌 後人多以頌美之義釋頌竊疑不然漢書儒林傳云『魯徐生善爲頌』蘇林注云『頌貌威儀』顏師古注云『頌讀與容同』頌字從頁頁即人面故容貌實頌字之本義也然則周頌商頌等詩何故名

爲頌耶。南雅皆唯歌。頌則歌而兼舞。周官『奏無射。歌夾鐘。舞大武。』禮記『朱干玉戚冕而舞大武。』大武爲周頌中主要之篇。而其用在舞。舞則舞容最重矣。故取所重名此類詩曰頌。樂記云『夫武始而北出。再成而滅商。三成而南。四成而南國是疆。五成而分周公左召公右。六成復綴以崇天子。夾振之而四伐。盛威於中國也。分夾而進。事蚤濟也。久立於綴。以待諸侯之至也。』今本周頌惟『於皇武王』一章下標題爲「武」然據左傳宣十二年楚莊王云『武王克商作武其卒章曰「耆定爾功」其三曰「鋪時繹思我徂維求定」其六曰「綏萬邦屢豐年」……』今本惟「耆定爾功」在武之章「敷時繹思」云云其章名曰賚「綏萬邦」云云其章名曰桓而春秋時人乃並指爲武之一部且確數其篇次可見今本分章非古而大武之詩不止一章矣觀此則大武舞容何若。尚可髣髴想見。三頌之詩皆重舞節。此其所以與雅南之唯歌者有異。與風之不歌而誦者更異也。略以後世之體比附之則風爲民謠南雅爲樂府歌辭頌則劇本也

右「四詩」之分析解釋。前人多未道及。吾亦未敢遽自信。姑懸一說以待來者。

讀詩法之一　詩三百篇。爲我國最古而最優美之文學作品。其中頌之一類。蓋出專門文學家音樂家所製。最爲典重。矞皇。雅之一類。亦似有一部分出專門家之手。南與風則純粹的平民文學也。前後數百年間各地方各種階級各種職業之人男女兩性之作品皆有。所寫情感。對於國家社會。對於家庭。對於朋友個人相互交際。對於男女兩性間之怨慕……等等。莫不有其代表之作。其表現情感之法。有極纏綿而極蘊藉者。例如。

『君子于役。不知其期。曷至哉。雞棲於塒。君子于役。如之何勿思。』

如。

『陟彼岵兮。瞻望父兮。父曰「嗟予子行役。夙夜無寐。尙愼旃哉。由來無死。」』

如

「習習谷風．以陰以雨．黽勉同心．不宜有怒．采葑采菲．無以下體．德音莫違．及爾同死．」

有極委婉而實極決絕者．例如

「汎彼柏舟．亦汎其流．髧彼兩髦．實爲我儀．之死矢靡它．母也天只．不諒人只．」

有極沈痛而一發務使盡者．例如

「蓼蓼者莪．匪莪伊蒿．哀哀父母．生我劬勞．」

如．

「苕之華．其葉青青．知我如此．不如無生．」

有於無字句處寫其深痛或摯愛者．例如．

「彼黍離離．彼稷之苗．行邁靡靡．中心搖搖．知我者謂我心憂．不知我者謂我何求．悠悠蒼天．此何人哉．」

如．

「瞻彼日月．悠悠我思．道之云遠．曷云能來．」

有其辭繁而不殺以曲達菀結不可解之情者．例如．

谷風．載馳．鴟鴞．節南山．正月．十月之交．小弁．桑柔諸篇．（全文不錄）

有極淡遠而一往情深者．例如．

「蒹葭蒼蒼．白露爲霜．所謂伊人．在水一方．溯洄從之．道阻且長．溯游從之．宛在水中央．」

有極旖旎而含情邈然者．例如．

『春日載陽。有鳴蒼庚。女執懿筐。遵彼微行。爰求柔桑。春日遲遲。采蘩祁祁。女心傷悲。殆及公子同歸。』

凡此之類。各極表情文學之能事。（右所舉例不過隨感憶所及隨摭數章令學者循此以注意耳非謂表情佳什僅此亦非謂表情法之種類僅此也）故治詩者宜以全詩作文學品讀。專從其抒寫情感處注意而賞玩之。則詩之眞價值乃見也。

孔子曰。『詩可以興。可以觀。可以羣。可以怨。』孔子於文學與人生之關係看出最眞切。故能有此言。古者以詩爲敎育主要之工具。其目的在使一般人養成美感有玩賞文學的能力。則人格不期而自進於高明。夫名詩僅諷誦涵泳焉。所得已多矣。況孔子舉三百篇皆弦而歌之。合文學音樂爲一。以樹社會敎育之基礎。其感化力之大云。胡可量。子之武城。聞弦歌之聲。子游對以『君子學道則愛人。小人學道則易使。』謂以詩敎也。謂美感之能使社會向上也。吾儕學詩。亦學孔子之所學而已。

詩學之失。自僞毛序之言「美刺」始也。僞序以美刺釋詩者什而八九。其中「刺時」「刺其君」「刺某人」云云者又居彼八九中之八九。夫感慨時政。憎嫉惡社會。雖不失爲詩人情感之一。然豈舍此遂更無可抒之情感者。僞序乃悉舉而納之于刺。例如邶風之雄雉。王風之君子於役。明爲夫行役在外而妻念之之作。與時君何與。而一以爲刺衞宣公。一以爲刺周平王。邶風之谷風。衞風之氓。明是棄婦自寫其哀怨。而一以爲刺夫婦失道。一以爲刺時。諸如此類。指不勝指。信如彼說。則三百篇之作者乃舉如一黃蜂。終日以螫人爲事。自身復有性情否耶。三百篇盡成「爰書。」所謂溫柔敦厚者何在耶。又如男女相悅之詩什九釋爲刺淫。彼蓋泥於孔子『思無邪』之言。以爲「淫則邪。刺之則無邪」也。信如彼說。則搆淫詞以爲刺。直「勸百諷一」耳。謂之無邪可乎不知男女愛悅。亦情之正。豈必刺焉而始有合於無邪之旨也。是故自美刺之說行。而三百篇成爲「司空城旦

書」其性靈之神聖智沒不曜者二千年於玆矣學者速脫此梏乃可與語於學詩也

讀詩法之二

前段所說專就陶養情感一方面言但古人學詩尚有第二目的在應用一方面孔子曰『不學詩無以言』又曰『誦詩三百授之以政不達使於四方不能專對雖多亦奚以爲』學詩何故能言能專對授之以政何故能達耶爲政者不外熟察人情批其窾郤因而導之而吾人所以御事應務其本則在『多識前言往行以畜其德』古人學詩將以求此也左傳襄二十八年云『賦詩斷章余取所求焉』斷章取所求卽學詩應用方面之法也是故『緡蠻黃鳥止於丘隅』孔子讀之則曰『於止知其所止可以人而不如鳥乎』『高山仰止景行行止』孔子讀之則曰『詩之好仁如此鄉道而行不知年數之不足俛焉日有孶孶斃而後已』司馬遷讀之則曰『雖不能至而心嚮往之』『如切如磋如琢如磨』子貢讀之悟所以處貧富者『巧笑倩兮美目盼兮素以爲絢兮』子夏讀之明「禮後」之義孔子並贊嘆之曰『賜也商也始可與言詩也已矣』『徹彼桑土綢繆牖戶今此下民或敢侮予』孟子讀之則曰『能治其國家誰敢侮之』『鳲鳩在桑其子七兮淑人君子其儀一兮』荀子讀之則曰『故君子結於一也』自餘如左傳所記列國卿大夫之賦詩言志以及韓詩外傳新序之或述事或樹義而引詩以證成之凡此之類並不必問其詩之本事與其本意通吾之所感於作者之所感引而申之觸類而長之此亦鍛鍊德性增益才智之一法古人所恒用而今後尚可襲用者也

讀詩法之三

現存先秦古籍眞贋雜糅幾於無一書無問題其精金美玉字字可信可寶者詩經其首也故其書於文學價值外尚有　重要價值焉曰可以爲古代史料或史料尺度

所謂可以爲史料者，非謂如僞毛序之比附左傳史記强派某篇爲某王某公之事云也。詩經關係政治者本甚希。即偶有一二屬於當時宮廷事情者（如衛武公飲酒悔過許穆夫人賦載馳之類）亦不甚足重輕，可置勿論。（詩經中關於具體的政治史料反不可盡信文人之言華而不實者多也如魯頌閟宮有『莊公之子』語明爲頌僖公無疑而篇中又云『戎狄是膺荆舒是懲』僖公何從有此豐功偉烈耶）雖然，歷史決不限於政治，其最主要者在能現出全社會心的物的兩方面之遺影。而高尚的文學作品，往往最能應給此種要求。左傳季札觀樂一篇對於十五國風之批評，即從社會心理方面研究詩經也。（其果否爲季札所批評且勿論）吾儕若能應用此方法而擴大之，則對於「詩的時代」——紀前九〇〇至六〇〇之中華民族之社會組織的基礎及其人生觀之根核，可以得較明確的概念。而各地方民性之異同及其次第醇化之跡，亦可以略見。其在物質方面，則當時動植物之分布，城郭宮室之建築，農器兵器禮器用器之製造，衣服飲食之進步……凡此種種狀況，試分類爬梳，所得者至復不少。故以史料讀詩經，幾於無一字無用也。

所謂史料之尺度者，古代史神話與贋跡太多，吾儕欲嚴密鑑別，不能不擇一兩部較可信之書以爲準據，以衡量他書所言以下眞僞之判決。所謂正日月者視北辰也。若是者吾名之曰史料之尺度。例如研究孔子史蹟，當以論語爲尺度是也。有詩時代及有詩以前之時代，正式之史未出現，（詩亡然後春秋作）而傳記讖緯所記古事多糅雜不可究詰。詩經既未經後人竄亂，全部字字可信，其文雖非爲記事而作，而偶有所記，吾輩良可據爲準鵠。例如『天命玄鳥降而生商』，『厥初生民時維姜嫄』，乃商周人述其先德之詩，而所言如此，則稷契爲帝嚳子之說，當然成問題。例如『帝作邦作對自太伯王季』，明是周人歷述其創業之主，則泰伯有無逃荆蠻之事，亦成問題。（恐周人自文武以前亦如殷制兄終弟及）例如各篇中屢言夏禹，如『禹敷下土方』『纘禹之緒』等，而堯舜無一字道及，則堯舜為何等人亦可成問題。諸如此類。若以史家極謹嚴的態度臨之。寧闕疑勿武斷。則以詩經為尺度。尚可得較絜淨之史也。

說詩注詩之書

詩居六藝之首。自漢以來。傳習極盛。解說者無慮千百家。即今現存之箋釋等類書亦無慮千百種。略讀之已使人頭白矣。故吾勸學者以少讀為妙。若必欲參考。則姑舉以下各書。

西漢今文詩說有魯齊韓三家。其傳皆亡。僅餘一韓詩外傳為韓詩之別子。劉向之新序及說苑說詩語極多。向固治魯詩也。欲知西漢詩說之大概。此三書宜讀。

清陳喬樅有三家詩遺說考。搜采三家說略備。可參考。

現行十三經注疏本詩經為毛傳鄭康成箋孔穎達疏。所謂古文家言也。毛序之萬不可信。吾已極言之。惟毛傳於訓詁頗簡絜可讀也。鄭箋什九申毛。時亦糾之。穿鑿附會者不少。宜分別觀。孔疏頗博洽而斷制少。清儒新疏有陳奐詩毛氏傳疏最精審。專宗毛。雖鄭亦不苟同也。次則馬瑞辰毛詩傳箋通釋。胡承珙毛詩後箋。亦好。而王引之經義述聞經傳釋詞中關於毛詩各條皆極好。學者讀此類書。宜專取其關於訓詁名物方面觀之。其關於禮制者已當慎擇。關於說詩意者切勿為其所囿。

宋儒注釋書朱熹詩經集傳頗絜淨。其教人脫離傳箋直玩詩旨。頗可學。但亦多武斷處。其對於訓詁名物遠不逮清儒之精審。

通論詩旨之書清魏源詩古微崔述讀風偶識。極有理解。可讀。姚際恆九經通論中詩經之部當甚好。但我尚未見其書。

吾關於整理詩經之意見有二。其一訓詁名物之部。清儒箋釋。已什得八九。彙觀參訂。擇善以從。泐成一極簡明之新注。則讀者於文義可以無閡。其二詩旨之部。從左傳所記當時士大夫之『賦詩斷章』起。次論語孟子禮記及周秦諸子引詩所取義。下至韓詩外傳新序說苑及兩漢書各傳中之引詩語止。博採其說。分系本詩之下。以考見古人『以意逆志』『告往知來』之法。俾詩學可以適用於人生。茲事爲之並不難。惜吾有志焉而未之逮也。

楚辭

楚辭之編纂及其篇目　漢書藝文志無楚辭。惟載『屈原賦二十五篇』。及王逸爲楚辭章句。其離騷篇後序云。『屈原……依詩人之義而作離騷……復作九歌以下凡二十五篇。楚人高其行義。瑋其文采。以相教傳。……後世雄俊。莫不瞻慕。舒肆妙慮。纘述其詞。逮至劉向典校經書。分爲十六卷。……今臣復以所記所知。稽之舊章。作十六卷章句。……』據此則楚辭似是劉向所編定。然今本第十六卷卽劉向所作九歎。復有第十七卷爲王逸所作九思。殆兩人各以己作附驥耶。其各篇次第。今本與陸德明經典釋文本亦有異同。今錄其篇名篇數篇次及相傳作者人名爲表如下。

（篇名）	（篇數）	（今本篇次）	（釋文篇次）	（舊題作者名）
離騷	一篇	第一	第一	屈原
九歌	十一篇	第二	第三	屈原

東皇太一　雲中君　湘君　湘夫人　大司命　少司命				
東君　河伯　山鬼　國殤　禮魂				
天問	一篇	第三	第四	屈原
九章	九篇	第四	第五	屈原
惜誦　涉江　哀郢　抽思　懷沙				
思美人　惜往日　橘頌　悲回風				
遠遊	一篇	第五	第六	屈原
卜居	一篇	第六	第七	屈原
漁父	一篇	第七	第八	屈原
九辯	十一篇	第八	第二	宋玉
招魂	一篇	第九	第十	宋玉
大招	一篇	第十	第十六	屈原或景差
惜誓	一篇	第十一	第十五	賈誼
招隱士	一篇	第十二	第九	淮南小山
七諫	七篇	第十三	第十二	東方朔
哀時命	一篇	第十四	第十四	嚴忌

九懷　九篇　第十五　第十一　王褒

九歎　九篇　第十六　第十三　劉向

九思　九篇　第十七　第十七　王逸

七諫　九懷　九思　九歎　各篇子目不錄。

右各篇自惜誓以下。皆漢人所作。朱熹楚辭辯證云。『七諫九懷九思九歎雖爲騷體。然其詞氣平緩。意不深切。如無所疾痛而强爲呻吟者。就其中。諫歎。猶或粗有可觀。兩王則卑已甚矣。故雖幸附書尾而人莫之讀』故熹所作楚辭集注。將彼四家之三十四篇刪去。而補以賈生之弔屈文及鵩鳥賦。其目如下。

卷一　離騷經第一

卷二　離騷九歌第二

卷三　離騷天問第三

卷四　離騷九章第四

卷五　離騷遠遊第五　離騷卜居第六　離騷漁父第七

原注云。『以上離騷凡七題二十五篇。皆屈原作。今定爲五卷。』

卷六　續離騷九辯第八　宋玉

卷七　續離騷招魂第九　宋玉　續離騷大招第十　景差

卷八　續離騷惜誓第十一　賈誼　續離騷弔屈原第十二　賈誼

續離騷鵩賦第十三　賈誼　　續離騷哀時命第十四　莊忌

洪興祖補注本自漁父以上。皆於篇名下各綴以「離騷」二字。而離騷篇題爲、「離騷經」。九辯以下則每篇篇名下綴以「楚辭」二字。朱熹因之而略加修正。故自離騷至漁父每篇皆冠以「離騷」二字。九辯以下則冠以「續離騷」三字。

今本篇次與釋文本有異同。洪興祖云。『九章第四。九辯第八。而王逸九章注云「皆解於九辯中。」知釋文篇第。蓋舊本也。後人始以作者次敍之耳。』朱熹云。『今按天聖十年陳說之序。以爲「舊本篇第混並。首尾差互。如考其人之先後重定其篇」然則今本說之所定也歟。』啓超按洪朱所論甚當。欲知劉向王逸原本。宜遵釋文。今本非也。

右所舉篇數篇次等。雖甚瑣末。然實爲考證屈原作品之基本資料。故不憚詳述之。

屈原賦二十五篇　楚辭中漢人作品。向不爲人所重視。更無考證之必要。吾儕研究楚辭。實際上不過研究屈原而已。吾儕所亟欲知者。漢書藝文志稱『屈原賦二十五篇』究竟今楚辭中某二十五篇爲屈原所作耶。此問題頗複雜。舊說通以離騷一篇。九歌十一篇。天問一篇。九章九篇。遠遊卜居漁父各一篇。以當二十五篇之數。其九辯招魂則歸諸宋玉。大招是否在二十五篇中。則存疑焉。吾竊疑非是。據所臆測。則劉向所集之二十五篇篇名當如左。

離騷一篇。

九辯一篇。

九歌十篇．
卜居一篇．
漁父一篇．
天問一篇．
招魂一篇．
遠遊一篇．
惜誦．涉江．哀郢．抽思．思美人．橘頌．悲回風．懷沙各一篇．

　右八篇今本更入以惜往日一篇合題爲九章．

吾此說頗奇特．今須加以說明者．一爲大招是否屈原作之問題．二爲招魂是否宋玉作之問題．三爲九辯作者問題．四爲九歌篇數問題．五爲九章是否舊名及其中各篇有無僞品問題．今一一鉤稽疏證如下．

一　王逸大招章句云『大招屈原之所作也．或曰景差．疑不能明也．』今按大招明爲摹仿招魂之作．其辭靡弱不足觀．篇中有『小腰秀頸若鮮卑只』語．鮮卑爲東胡餘種．經冒頓摧滅．別保鮮卑山．因而得號者．其以此名通於中國．蓋在東漢．非惟屈原不及知．卽景差亦不及知．此篇決爲漢人作無疑．故釋文本列諸第十六．在全書之最末．則劉向編集時殆亦不認爲先秦作品矣．故語屈原賦．當先將此篇剔出

二　招魂今本目錄注指爲宋玉作．文選亦同．然史記屈原列傳贊云『余讀離騷天問招魂哀郢．悲其志．』然則司馬遷明認招魂爲屈原作．此篇對於厭世主義與現世快樂主義兩方皆極力描寫．而兩皆撥棄．

實全部楚辭中最酣肆最深刻之作。後人因篇名招魂，且中有『魂魄離散汝筮予之』語，遂謂必屈原死後後人悼弔之作。因嫁名宋玉。所謂癡人前說不得夢也。謂宜從史記以本篇還諸屈原。

三 九辯向未有以加諸二十五篇中者。雖然，有一事頗難索解。釋文本何故以此篇置諸第二——在離騷之後九歌之前。王逸釋「九」字之義，亦詳見本篇下。而九歌九章略焉。則此爲王本原次甚明。夫第一篇及第三以下之二十餘篇皆屈原作，而中間忽以非屈原作之一篇置第二，甚可異也。且全部楚辭除漢人諸作外，向來擬議爲宋玉景差等所作者，只有九辯招魂小招三篇。大招決屬漢擬，招魂決爲屈作。如前文所辯證，殆成信讞。僅餘此九辯一篇。（九辯原只一篇，故無子目。王逸本釐爲十一篇，朱熹本釐爲九篇，皆以意割裂耳。）以宋辭而羼屈集，益大可異也。且『啓九辯與九歌』語見離騷，或辯歌同屬古代韻文名稱，屈並用之。故吾竊疑九辯實劉向所編屈賦中之一篇，雖無確證，要不失爲有討論價值之一問題也。

四 九歌十一篇明載子目。更無問題。惟末篇禮魂，僅有五句（「盛禮兮會鼓，傳芭兮代舞，姱女倡兮容與，春蘭兮秋菊，長無絕兮終古」）似不能獨立成篇。竊疑此爲前十篇之「亂辭」，每篇歌畢，皆殿以此五句。果爾，則九歌僅有十篇耳。

五 今本九章凡九篇，有子目。惟其中惜往日一篇，文氣拖沓靡弱，與他篇絕不類，疑屬漢人擬作，或弔屈原之作耳。「九章」之名，似亦非舊。哀郢九章之一也，史公以之與離騷天問招魂並舉，認爲獨立的一篇。懷沙亦九章之一也，本傳全錄其文，稱爲「懷沙之賦」。是史公未嘗謂此兩篇爲九章之一部分也。竊疑「九章」之名，全因摹襲九辯九歌而起。或編集者見惜誦至悲回風等散篇，體格大類相類，遂仿辯歌例賦予以一總名。又見只有八篇，遂以晚出之惜往日足之爲九。殊不知辯歌之「九」字皆別有取義。非指篇數。觀辯歌之篇皆非九可知也。褒之九懷。向之九歎。逸之九思。篇皆取盈九數。適見其陋耳。故吾疑九章名非古藉曰古有之。則篇數亦不嫌僅八。而惜往日一篇。必當在料揀之列也。

若吾所臆測不甚謬。則將舊說所謂二十五篇者刪去惜往日。以禮魂分隸東皇太一等十篇之末。不別爲篇。而補入九辯招魂。恰符二十五之數。此二十五篇是否皆屈原作品。抑有戰國末年無名氏之作而後人概歸諸屈原。雖尙有硏究之餘地。（近人胡適有此說）然而劉向班固所謂二十五篇之屈原賦。殆卽指此。無可疑者。

屈原之行歷及性格

史記有屈原列傳。載原事蹟頗詳。舉其大概。則

一　原爲楚同姓貴族。

二　原事楚懷王。官左徒。曾大被信任。

三　原爲同列上官大夫所排。遂被疏放。然猶嘗任齊使。

四　懷王十六年（西紀前三一三）秦張儀譎詐懷王絕齊交。破合從之局。原請殺張儀。

五　懷王三十年（前二九九）秦昭王誘懷王會武關。原諫不聽。王遂被脅留客死於秦。

六　頃襄王立。（前二九八）原爲令尹子蘭所譖。王怒而遷放之。原遂自沈。

關於屈原身世之唯一的資料。只有此傳。後此言原事者。皆本之。故漢王逸謂『原在懷王時被讒見疏。作離騷。……頃襄王遷原於江南。原復作九歌天問遠遊九章卜居漁父等篇。』宋洪興祖謂『原被放在懷王十六年。至十八年復召用之。頃襄王立。復放。』惟淸王懋竑不信史記。謂原決無再召再放事。謂原決不及見頃襄王。其言曰。『卜居言「旣放三年。不得復見。」哀郢言「九年而不復。」「壹反之無時。」則初無召用再放之事。』

白田草堂存稿卷三書楚辭後下同又云『諫懷王入秦者據楚世家乃昭睢非屈原也夫原諫王不聽而卒被留以致客死此忠臣之至痛而原諸篇乃無一語以及之至惜往日悲回風臨絕之音憤懣伉激略無所諱而亦祇反復於隱蔽障壅之害孤臣放子之冤其於國家則但言其委啣勒棄舟檝將卒於亂亡而不云禍殃之已至是也是誘會被留乃原所不及見而頃襄王之立則原之自沈久矣』懋竑所辯尚多皆從原作品本身立反證極有價值又傳中令尹子蘭等事亦不足信朱熹云『楚辭以香草比君子然以世亂俗衰人多變節遂深責椒蘭之不可恃而揭車江離亦以次書罪初非以爲實有是人而以椒蘭爲名字者也而史遷作屈原傳乃有令尹子蘭之說班氏古今人表又有令尹子椒之名……王逸因之又訛以爲司馬子蘭大夫子椒……流誤千載無一人覺其非甚可歎也使其果然則又當有子車子離子椒之儔蓋不知其幾人矣』楚辭辯證卷上右所論難皆可謂讀書得閒要之史記所載古代史蹟本多采自傳聞鑑別非甚精審況後人竄亂亦多即以屈原列傳論篇中自相矛盾處且不少王懋竑列舉之故吾儕良不宜輕信更不宜牽合附會以曲爲之說大概屈原爲楚貴族生卒於西紀前四世紀之下半紀曾一度與聞國政未幾被黜放放後逾九年乃自殺其足跡在今湖北湖南兩省亦或嘗至江西此爲屈原之基本的史蹟過此以往闕疑可也

司馬光謂屈原『過於中庸不可以訓』故所作通鑑削原事不載屈原性格誠爲極端的而與中國人好中庸之國民性最相反也而其所以能成爲千古獨步之大文學家亦即以此彼以一身同時含有矛盾兩極之思想彼對於現社會極端的戀愛又極端的厭惡彼有冰冷的頭腦能剖析哲理又有滾熱的感情終日自煎自焚彼絕不肯同化於惡社會其力又不能化社會故終其身與惡社會鬬最後力竭而自殺彼兩種矛盾性日日交戰

於胸中。結果所產煩悶至於爲自身所不能擔荷而自殺。彼之自殺實其個性最猛烈最純潔之全部表現。非有此奇特之個性不能產此文學。亦惟以最後一死能使其人格與文學永不死也。吾嘗有屈原研究一篇。（見學術講演集第三輯）關於此點。論列頗詳盡。可參看。（彼文關於屈原史蹟及作品之考證與斯篇稍有異同）

楚辭注釋書及其讀法

楚辭多古字古言。非注釋或不能悉解。漢武帝時。淮南王安已作離騷章句。東漢則班固賈逵皆續有所釋。然亦只限於離騷。及王逸乃爲楚辭章句十六卷。徧釋諸篇。宋則有洪興祖爲之補注。而朱熹別加刪訂爲楚辭集註。今三本並存。其餘釋者尚多。不具舉。（淸戴震有楚辭箋不審尚存否若存必當有可觀）王逸年輩在鄭玄高誘韋昭前。所釋訓詁名物多近正。最可貴。其釋篇中之義則以爲『離騷之文。依詩取興。引類譬諭。故善鳥香草以配忠貞。惡禽臭物以比讒佞。靈修美人以媲於君。宓妃佚女以譬賢臣。虬龍鸞鳳以託君子。飄風雲霓以爲小人。……』此在各篇中固偶有如此託興者。（離騷篇或更多）若每篇每段每句皆膠例而鑿求之。則僨甚矣。人之情感萬端。豈有舍「忠君愛國」外。即無所用其情者。若全書如王注所解。則屈原成爲一虛僞者或鈍根者。而二十五篇悉變爲方頭巾家之政論。更何文學價值之足言。故王注雖有功本書。然關於此點。所失實非細也。後世作者往往不爲文學而從事文學。而恆謬託高義於文學以外。皆由誤讀楚辭啓之。而注家實不能不任其咎。朱註對於此等曲說頗有芟汰。較爲潔淨。（楚辭辯證對於九歌諸篇所論云『東皇太一舊說以爲「原意謂人盡心以事神則神惠以福今竭忠以事君而君不見信故爲此以自傷」補注又謂「此言人臣陳德義禮樂以事上則上無憂患」雲中君舊說以爲「事神已訖復念懷王不明而太息憂勞」補注又謂「以雲神喻君德而懷王不能故心以爲憂」皆外增贅說以害全篇之大旨曲生碎義以亂本文之正意」又云「湘君一篇情意曲折最爲詳盡而爲說者之謬爲尤多以致全然不見其語意之脉絡次第至其卒章猶以「遺玦捐袂」爲求賢而「采杜若」爲好賢之無已皆無復有文理也」又云「佳人召予正指湘夫人而言而五臣謂「若有君命則亦將然」補注以佳人爲「賢人同志者」如此則此篇何以名爲湘夫人乎」讀此可知舊注之穿鑿可笑而朱氏之特識爲不可及也）惜仍有所拘牽。芟滌未盡耳』例如九歌總序下注云『此卷諸篇皆以事神不答而不能忘其敬愛比事君不合而不能忘其忠赤雖稍直捷然終未能脫舊注桎梏何如直云九歌皆祀神樂章而屈原自抒其想像力及情感耶故吾以爲治楚辭者。對於諸家之注。但取其名物訓詁而足。其敷陳作者之旨者。宜悉屏勿觀也。我國最古之文學作品。三百篇外。即數楚辭。三百篇爲中原遺聲。楚辭則南方新興民族所創之新體。三百篇雖亦有激越語。而大端皆主於溫柔敦厚。楚辭雖亦有含蓄語。而大端在將情感盡情發洩。三百篇爲極質正的現實文學。楚辭則富於想像力之純文學。此其大較也。其技術之應用亦不同道。而楚辭表情極迴盪之致。體物盡描寫之妙。則亦一進步也。吾以爲凡爲中國人者。須獲有欣賞楚辭之能力。乃爲不虛生此國。吾願學者循吾說而廣之。諷誦饜飫之既久。必能相說以解也。

禮記 大戴禮記 附爾雅

禮記之名稱及篇目存佚 禮記者。七十子後學者所記。而戰國秦漢間儒家言之一叢書。西漢中葉儒者戴德戴聖所纂集傳授也。今存者有東漢鄭康成所注四十九篇。名曰禮記。實小戴記。有北周盧辯所注三十九篇。名曰大戴禮記。大戴禮記本八十四篇。佚其四十六。存者僅此而已。兩記之名。蓋自東漢後始立。漢書藝文志禮家依七略著錄。但云『記百三十一篇』。班固注云『七十子後學者所記。』至隋書經籍志則云『漢初河間獻王得仲尼弟子所記一百三十一篇。至劉向校經籍。檢得一百三十篇。因第而敍之。又得明堂陰陽記…………等五種。共二百十四篇。戴德刪其繁重。合而記之。爲八十五篇。謂之大戴禮。戴聖又刪大戴之書。爲四十六篇。謂之小戴記。』案此說本諸晉司空長史陳邵經典釋文序錄引邵周禮論序云『戴德刪古禮二百四篇爲八十五篇謂之大戴禮戴聖刪大戴禮爲四十九篇是爲小戴禮』隋志與邵異者古禮二百四篇作二百十四篇，小戴記四十九篇作四十六篇。兩記之傳授分合，問題頗複雜。今先列其目，再加考證。

(一)今本禮記目錄。

孔穎達禮記正義於每篇之下皆有『案鄭目錄云……』一段。蓋鄭康成所撰各篇之解題也。鄭錄每篇皆有『此於別錄屬某某』一語。是劉向本有分類，而鄭引之也。今節錄彼文如下。

曲禮上下第一第二。鄭目錄云『名曰曲禮者以其篇記五禮之事……此於別錄屬制度』

檀弓上下第三第四。鄭目錄云『名曰檀弓者以其記人善於禮故著姓名以顯之……此於別錄屬通論』

王制第五。鄭目錄云『名曰王制者以其記先王班爵授祿祭祀養老之法度此於別錄屬制度』

月令第六。鄭目錄云『名曰月令者以其記十二月政之所行也本呂氏春秋十二月紀之首章也以禮家好事鈔合之……此於別錄屬明堂』

曾子問第七。鄭目錄云『名爲曾子問者以其記所問多明於禮故著姓名以顯之……此於別錄屬喪服』

文王世子第八。鄭目錄云『記文王爲世子時之法此於別錄屬世子法』

禮運第九。鄭目錄云『名爲禮運者以其記五帝三王相變易陰陽轉旋之道此於別錄屬通論』

禮器第十。鄭目錄云『名爲禮器者以其記禮使人成器之義也此於別錄屬制度』

郊特牲第十一。鄭目錄云『……此於別錄屬祭祀』

內則第十二。鄭目錄云『名曰內則者以其記男女居室事父母舅姑之法此於別錄屬子法』

玉藻第十三。鄭目錄云『名曰玉藻者以其記天子服冕之事也……此於別錄屬通論』

明堂位第十四。鄭目錄云『名曰明堂位者以其記諸侯朝周公於明堂之時所陳列之位也……此於別錄屬明堂陰陽』

喪服小記第十五。鄭目錄云「名曰喪服小記者以其記喪服之小義也此於別錄屬喪服」

大傳第十六。鄭目錄云「名曰大傳者以其記祖宗人親之大義此於別錄屬通論」

少儀第十七。鄭目錄云「名曰少儀者以其記相見及薦羞之少威儀也少猶小也此於別錄屬制度」

學記第十八。鄭目錄云「名曰學記者以其記人學教之義此於別錄屬通論」

樂記第十九。鄭目錄云「名曰樂記者以其記樂之義此於別錄屬樂記」

雜記上下第二十第二十一。鄭目錄云「名曰雜記者以其雜記諸侯以下至士之喪事此於別錄屬喪服」

喪大記第二十二。鄭目錄云「名曰喪大記者以其記人君以下始死小斂大斂殯葬之事此於別錄屬喪服」

喪服大記第二十三。原闕

祭義第二十四。鄭目錄云「名曰祭義者以其記祭禮齋戒薦羞之義也此於別錄屬祭祀」

祭統第二十五。鄭目錄云「名曰祭統者以其記祭祀之本也統猶本也此於別錄屬祭祀」

經解第二十六。鄭目錄云「名曰經解者以其記六義政教之得失也此於別錄屬通論」

哀公問第二十七。鄭目錄云「名曰哀公問者善其問禮著謚顯之也此於別錄屬通論」

仲尼燕居第二十八。鄭目錄云「名曰仲尼燕居者善其不倦燕居猶使三子侍之言及禮著其字言事可法退朝而處曰燕居此於別錄屬通論」

孔子閒居第二十九。鄭目錄云「名曰孔子閒居者善其無倦而不褻猶使一弟子侍爲之說詩著其氏言可法也退燕避人曰閒居此於別錄屬通論」

坊記第三十。鄭目錄云「名曰坊記者以其記六藝之義所以坊人之失者也此於別錄屬通論」

中庸第三十一。鄭目錄云「名曰中庸者以其記中和之爲用也……此於別錄屬通論」

表記第三十二。鄭目錄云「名曰表記者以其記君子之德見於儀表此於別錄屬通論」

緇衣第三十三。鄭目錄云「名曰緇衣者善其好賢者厚也……此於別錄屬通論」

奔喪第三十四。鄭目錄云「名曰奔喪者以其居他國聞喪奔歸之禮此於別錄屬喪服之禮矣」

問喪第三十五。鄭目錄云「名曰問喪者以其善問居喪之禮所由也此於別錄屬喪服也」

服問第三十六。鄭目錄云「名曰服問者以其善問以知有服而遭喪所變易之節此於別錄屬喪服也」

間傳第三十七。鄭目錄云「名曰間傳者以其記喪服之間輕重所宜此於別錄屬喪服……」

三年問第三十八。鄭目錄云「名曰三年問者善其問以知喪服年月所由此於別錄屬喪服」

深衣第三十九。鄭目錄云「名曰深衣者以其記深衣之制也……此於別錄屬制度」

投壺第四十。鄭目錄云「名曰投壺者以其記主人與客燕飲講論才藝之禮此於別錄屬吉禮」

儒行第四十一。鄭目錄云「名曰儒行者以其記有道德者所行也……此於別錄屬通論」

大學第四十二。鄭目錄云「名曰大學者以其記博學可以爲政也此於別錄屬通論」

冠義第四十三。鄭目錄云「名曰冠義者以其記冠禮成人之義此於別錄屬吉事」

昏義第四十四。鄭目錄云「名曰昏義者以其記娶妻之義內教之所由成也此於別錄屬吉事也」

鄉飲酒義第四十五。鄭目錄云「名曰鄉飲酒義者以其記鄉大夫飲賓于庠序之禮尊賢養老之義此於別錄屬吉事」

射義第四十六。鄭目錄云「名曰射義者以其記燕射大射之禮觀德行取於士之義此於別錄屬吉事」

燕義第四十七。鄭目錄云「名曰燕義者以其記君臣燕飲之禮上下相尊之義此於別錄屬吉事」

聘義第四十八。鄭目錄云『名曰聘義者以其記諸侯之國交相聘問之禮重禮輕財之義也此於別錄屬吉事』

喪服四制第四十九。鄭目錄云『名曰喪服四制者以其記喪服之制取於仁義禮知也此於別錄舊說屬喪服』

案據此知劉向所編定之禮記實分類爲次。其類之可考見者一通論。二制度。三喪服。四吉禮或吉事。五祭祀六子法或世子法七樂記八明堂或明堂陰陽。

(二)今本大戴禮記目錄。

據隋志大戴禮記八十五篇。今本自第三十八篇以上全佚。其下間佚。所存篇目如下。

王言第三十九。(以上三十八篇佚)

哀公問五儀第四十。

哀公問於孔子第四十一。

禮三本第四十二。(以上今本卷一。此下佚三篇。)

禮察第四十六。

夏小正第四十七。(以上今本卷二。)

保傅第四十八。(今本卷三)

曾子立事第四十九。

曾子本孝第五十。

曾子立孝第五十一。

曾子大孝第五十二。
曾子事父母第五十三。（以上今本卷四。）
曾子制言上中下第五十四至五十六。
曾子疾病第五十七。
曾子天圓第五十八。（以上今本卷五。）
武王踐阼第五十九。
衞將軍文子第六十。（以上今本卷六。此下佚一篇。）
五帝德第六十二。
帝繫第六十三。
勸學第六十四。（以上今本卷七。）
子張問入官第六十五。
盛德第六十六。（以上今本卷八。）
千乘第六十七。
四代第六十八。
虞戴德第六十九。
誥志第七十。（以上今本卷九。）

文王官人第七十一。
諸侯遷廟第七十二
諸侯釁廟第七十三。（以上今本卷十。）
小辨第七十四。
用兵第七十五。
少閒第七十六。（以上今本卷十一。）
朝事第七十七。
投壺第七十八。（以上今本卷十二。）
公冠第七十九。
本命第八十。
易本命第八十一。（以上今本卷十三。此下佚四篇。）

隋志言大戴八十五篇。佚其四十七篇。存三十八篇。然今本實有三十九篇。四庫提要云『蓋夏小正一篇多別行。隋唐閒錄大戴者或闕其篇。……存者宜爲三十九篇。』中興書目謂存四十篇者。夏小正外又加明堂第六十七之一篇。實則此篇在盛德篇內。後人複寫重出耳。其佚篇篇名可考者則有謚法篇。王度記。三正記。別名記。親屬記。五帝記。（俱白虎通引）有禘於太廟禮。（少牢饋食禮注引）有王霸記。（周禮注引）有佋穆篇。（明堂月令論引）有號謚篇。（風俗通引）有瑞命篇。（論衡引）其與小戴重出者。除投壺哀公問兩篇現存外。尚有曲禮。（漢書王式傳引）禮器。

五經異義引文王世子。毛詩豳譜正義引祭義。漢書韋元成傳及白虎通耕桑篇引曾子問。白虎通耕桑篇引閒傳。白虎通性情篇引檀弓。白虎通崩薨篇及明堂月令論引王制。白虎通崩薨篇引凡此或明引大戴。或僅引篇名。而所引文為今小戴本所無。宜推定為出大戴者。據此則所佚篇名亦可得三之一矣。

禮記內容之分析

禮記為儒家者流一大叢書。內容所函頗複雜。今略析其重要之類別如下。

(甲)記述某項禮節條文之專篇。　如諸侯遷廟。諸侯釁廟。投壺。奔喪。公冠等篇。四庫提要謂『皆禮古經遺文。』雖無他證要之當為春秋以前禮制書之斷片。其性質略如開元禮大清通禮等之一篇。又如內則少儀曲禮等篇之一部分亦記禮節條文其性質略如文公家禮之一節。

(乙)記述某項政令之專篇。　如夏小正月令等。其性質略如大清會典之一部門。

(丙)解釋禮經之專篇。如冠義。昏義。鄉飲酒義。射義。燕義。聘義。喪服四制等。實儀禮十七篇之傳注。

(丁)專記孔子言論。　如表記。緇衣。仲尼燕居。孔子閒居等。其性質略如論語。又如哀公問及孔子三朝記之七篇——千乘。四代。虞戴德。誥志。小辨。用兵。少閒。——皆先秦儒家所傳孔子傳記之一部。其專記七十子言論如曾子問。子張問入官。衛將軍文子等篇。亦此類之附屬。

(戊)記孔門及時人雜事。　如檀弓及雜事之一部分。其性質略如韓非子之內外儲說。

(己)制度之雜記載。如王制。玉藻。明堂位等。

(庚)制度禮節之專門的考證及雜考證。　如禮器。郊特牲。祭法。祭統。大傳。喪服記。奔喪。問喪。閒傳等。

(辛)通論禮意或學術。　如禮運。禮祭。經解。禮三本。祭義。三年問。樂記。學記。大學。中庸。勸學。本命。易本命等。

(壬)雜記格言。　如曲禮。少儀。勸學。儒行等。

(癸)某項掌故之專記。　如五帝德。帝繫。文王世子。武王踐阼等。

禮記之原料及其時代　此一大叢書當然非成於一人之手。漢志謂『七十子後學者所記』。七十子以後之學者其範圍可直至戴德戴聖劉向也。其中有錄自官書者。如諸侯遷廟釁廟等篇。雖未必禮古經遺文。要之當爲某官守之掌籍也。如文王官人篇與逸周書文略同。蓋採自彼或與彼同採自某官書也。如月令與呂覽淮南文同。必三書同採一古籍也。有從諸子書中錄出者。例如大戴中立事至天圓十篇皆冠以「曾子」或即漢志曾子十八篇中之一部也。中庸坊記表記緇衣。據沈約謂皆取子思子。或即漢志子思二十三篇中之一部也。史記正義謂樂記爲公孫尼子次撰。劉瓛謂緇衣公孫尼子作。即或漢志公孫尼子二十八篇之一部也。如三年問。禮三本。樂記。鄉飲酒義。勸學等篇。或一部或全部文同荀子。蓋錄自荀子也。如保傅及禮察之一部文同賈誼新書。蓋錄自新書也。(今本新書實贋品但彼兩篇文見賈生陳政事疏可決爲賈生作耳)此外採自各專書者當尚多。惜古籍散佚。不能盡得其來歷耳。

兩記最古之篇。共推夏小正。謂與禹貢同爲夏代遺文。果爾則四千年之珍祕矣。然自朱熹方孝孺已大疑之。謂恐出月令之後。其實夏小正年代勘驗甚易。因篇中有紀星躔之文——如『正月鞠則見。初昏參中。斗柄縣在下』『三月參則伏』『四月昴則見。初昏南門正……』等。天文家一推算當可得其確年也。其最晚者。如王制據盧植云漢文帝時博士所作。雖尚有疑問。(詳說次條)如禮察保傅之出漢人手。則證佐鑿然。(禮察篇有論秦亡語)如公冠篇載「孝昭冠辭」則爲元鳳四年以後所編著。更不待問矣。要而論之。兩戴記中作品。當以戰國末西漢初百餘年間爲中心。其中什之七八。則代表荀卿一派之儒學思想也。

禮記之編纂者及删定者

手編禮記者誰耶。漢隋志史漢儒林傳及各注家皆未言及。惟魏張揖上廣雅表云。『周公著爾雅一篇。爰暨帝劉。魯人叔孫通撰置禮記。文不違古。』（爾雅爲禮記中一篇說詳末段）揖言必有所據。然則百三十一篇之編纂者或卽叔孫通也。但通以後必仍多所增益。如保傅禮察公冠等明出孝文孝昭後是其顯證。至次第續纂者何人。則不可考矣。

劉向校中書時所謂禮記。實合六部分而成。隋志云。『向檢得一百三十篇。因第而敍之。又得明堂陰陽記。孔子三朝記。王氏史氏記。樂記。五種合二百十四篇。』案漢志禮家『記百三十一篇。明堂陰陽三十三篇。王史氏二十一篇。』樂家『樂記二十三篇。』論語家『孔子三朝記七篇。』凡二百十五篇。（隋志少一篇）今三朝七篇明載大戴。而鄭康成禮記目錄有『此於別錄屬明堂陰陽……此於別錄屬樂記……』等語。知今本禮記各篇。不僅限於『記百三十一篇』之範圍內。而『明堂陰陽』等五種皆被採入。故禮記實合六部叢書爲一部叢書也。王氏史氏蓋皆叔孫通以後繼續編纂之人。惟所纂皆在百三十一篇外耳。

大戴删劉向。小戴删大戴之說。起於隋書經籍志。（原文前引）二戴武宣時人。豈能删哀平間向歆所校之書。其謬蓋不待辨。至小戴删大戴之說。據隋志謂『小戴删定爲四十六篇。馬融益以月令明堂位樂記。乃成今本之四十九篇。』後人因有以今本禮記除月令明堂位樂記外。餘四十六篇皆先秦舊籍。惟此三篇爲秦漢人作者。此說之所由起。蓋以四十六合大戴未佚本之八十五。恰爲百三十一篇。乃因此附會也。然此說之不可通有二。其一。兩戴記並非專以百三十一篇爲原料。如三朝記之七篇。明堂陰陽之三十三篇。樂記之二十三篇。皆有所甄採。已具如前述。合兩戴以就百三十一篇之數。則置書中所采明堂等五種諸篇於何地。其二。兩戴各篇並非相避。其最著者。哀公問投壺兩篇。二本今皆見存。曲禮禮器等七篇。（詳見前大戴目錄條附語）亦皆大戴逸目。又如大戴之曾子大孝篇全文見小戴祭義。諸侯釁廟篇全文見小戴雜記。朝事篇一部分（自『聘禮』至『諸侯務焉』）見小戴聘義。本事篇一部分（自『有恩有義』至『聖人因殺以見節』）見小戴喪服四制。其餘互相出入之文尚多。然則二戴於百三十一篇之記。殆各以意去取。異同參差。不必此之所棄。即彼之所錄。牽附篇數以求彼此相足。甚非其眞也。

最後當討論者。則爲馬融補三篇之問題。云馬融補三篇者。蓋務節小戴爲四十六篇以合大戴之八十五。求彼此相足。其削趾適履之情。既如前述。小戴四十六篇之說。不知何昉。藉曰有之。則曲禮檀弓雜記各有上下篇。故篇名僅四十六耳。小戴篇數之爲四十九。則自西漢時已然。後漢書橋元傳云。『七世祖仁。著禮記章句四十九篇。號曰橋君學。』仁。即班固所說小戴授梁人橋仁季卿者也。曹襃傳云。『父充持慶氏禮。襃又傳禮記四十九篇。教授諸生。慶氏學遂行於世。』則襃所受於慶普之禮記。亦四十九篇也。孔穎達正義於樂記下云。『按別錄。禮記四十九篇。』則劉向所校定者。正四十九篇也。而鄭目錄於王制下云。『此於別錄屬制度。』於月令明堂位下並云。『此於別錄屬明堂陰陽。』益足明此三篇爲別錄所原有。非增自馬融也。內中王制篇之來歷。據正義引盧植云。『漢孝文皇帝令博士諸生作此書。』（經典釋文引同）陳壽祺謂盧說本史記封禪書。據索隱引劉向別錄謂文帝所造書有本制兵制服制等篇。以今王制參檢。絕不相合。非一書也。（見左海經辨）月令篇之來歷。據鄭目錄云。『本呂氏春秋十二月紀之首章也。以禮家好事鈔合之。後人因題之名曰禮記。言周公所作。其中官名時事。多不合周法。』（篇中有『命太尉』語。太尉秦官。故鄭君斷此爲秦人書）壽祺亦力辯其非。（文繁不引）以吾論之。王制月令非後漢人續補。殆爲信讞。

然恐是秦漢間作品。兩戴記中秦漢作品甚多。又不獨此二篇也。後儒必欲强躋諸周公孔子之林。非愚則誣耳。

尤有一事當附論者。漢志『樂記二十三篇』今采入小戴者只有一篇。鄭目錄云『此於別錄屬樂記』謂從二十三篇之樂記采出也。正義云『蓋合十一篇爲一篇。謂有樂本有樂論有樂施有樂言有樂禮有樂情有樂化有樂象有賓牟賈有師乙有魏文侯。』其餘十二篇爲戴所不采。其名猶見別錄。曰則奏樂第十二樂器第十三樂作第十四。意始第十五。樂穆第十六。說律第十七。季札第十八。樂道第十九。樂義第二十。昭本第二十一。昭頌第二十二。竇公第二十三也。並見正義引觀此尚可知當時與禮記對峙之樂記其原形何如。今此十一篇者見采於小戴而幸存其中精粹語極多。餘十二篇竟亡。甚可惜也。

以上關於禮記應考證之問題略竟。此書似未經劉歆王肅之徒所竄亂。在古書中較爲克葆其眞者。此亦差强人意也。

禮記之價值

禮記之最大價值。在於能供給以研究戰國秦漢間儒家者流——尤其是荀子一派——學術思想史之極豐富之資料。蓋孔氏之學。在此期間始確立。亦在此期間而漸失其眞。其蛻變之跡與其幾讀此兩戴記八十餘篇最能明了也。今略舉其要點如下。

一。孔門本以「禮」爲人格敎育之一工具。至荀子則更以此爲唯一之工具。其末流乃至極繁瑣極拘迂。乃至爲小小儀節費幾許記述幾許辯爭。讀曲禮檀弓玉藻禮器郊特牲內則少儀雜記曾子問……等篇之全部或一部分。其瑣與迂實可驚。觀此可見儒學之盛卽其所以衰。

二。秦漢間帝王好大喜功。「封禪」「巡守」「明堂」「辟雍」「正朔」「服色」等之鋪張的建設。

多由儒生啓之儒生亦不能不廣引古制以自張其軍故各篇中比較三代禮樂因革損益之文極多而大抵屬於虛文及瑣節但其間固自有發揮儒家之政法理想及理想的制度極有價值者如王制禮運……等篇是也

三、爲提倡禮學起見一方面講求禮之條節一方面推闡制禮之精意及其功用以明禮教與人生之關係使禮治主義能爲合理的存在此種工作在兩戴記中頗有重要之發明及收穫禮運樂記禮察禮三本大傳三年問祭義祭統……等篇其代表也

四、孔子設教惟重力行及其門者親炙而受人格的感化亦不汲汲以騖高玄精析之論戰國以還「求知」的學風日昌而各派所倡理論亦日複雜儒家受其影響亦競進而爲哲理的或科學的研究孟荀之論性論名實此其大較也兩戴記中亦極能表現此趨勢如中庸大學本命易本命……等篇其代表也

五、儒家束身制行之道及其敎育之理論法則所引申闡發者亦日多而兩戴記薈萃之大學學記勸學坊記表記緇衣儒行……及曾子十篇等其代表也

要之欲知儒家根本思想及其蛻變之跡則除論語孟子荀子外最要者實爲兩禮記而禮記方面較多故足供研究資料者亦較廣但研究禮記時有應注意兩事

第一、記中所述唐虞夏商制度大率皆儒家推度之辭不可輕認爲歷史上實事即所述周制亦未必文武周公之舊大抵屬於當時一部分社會通行者半屬於儒家理想者半宜以極謹嚴的態度觀之

第二、各篇所記『子曰……』『子言之……』等文不必盡認爲孔子之言蓋戰國秦漢間孔子已漸帶

有「神話性」許多神祕的事實皆附之於孔子立言者亦每託孔子以自重此其一「子」爲弟子述師之通稱七十子後學者於其本師亦可稱「子」例如中庸緇衣……或言採自子思子則篇中之「子」亦可認爲指子思不必定指孔子此其二即使果爲孔子之言而展轉相傳亦未必無附益或失眞此其三要之全兩部禮記所說悉認爲儒家言則可認爲孔子言則須審擇也

就此兩點而論禮記一書未經漢以後人竄亂誠視他書爲易讀但其著作及編纂者之本身或不免有若干之特別作用及成見故障霧亦緣之而滋讀者仍須加一番鑑別也

讀禮記法　讀禮記之人有三種一以治古代禮學爲目的者二以治儒家學術思想史爲目的者三以常識及修養應用爲目的者今分別略論其法

以治古代禮學爲目的而讀禮記者第一當知禮記乃解釋儀禮之書必須與儀禮合讀第二須知周禮晚出不可信萬不可引周禮以解禮記或難禮記致自亂其系統第三當知禮記是一部亂雜的叢書欲理清眉目最好是分類纂鈔比較研究略如唐魏徵類禮元吳澄禮記纂言清江永禮書綱目之例魏徵書今佚唐書本傳云『徵以小戴禮綜彙不倫更作類禮二十篇太宗美其書錄寘內府』諫錄載太宗詔書云『以類相從別爲篇第並更注解文義粲然』第四當知此叢書並非出自一人一時代之作其中各述所聞見所主張自然不免矛盾故只宜隨文研索有異同者則並存之不可强爲會通轉生轇轕以上四義不過隨舉所見吾未嘗治此學不敢謂有心得也居今日而治古代禮學誠可不必然欲研究古代社會史或宗敎史者則禮學實爲極重要之研究對象未可以爲殭石而吐棄之也

以治儒家學術思想史爲目的而讀禮記者當略以吾前段所舉之五事爲範圍其條目則（一）儒家對於禮

之觀念。（二）儒家爭辯禮節之態度及其結果。（三）儒家之理想的禮治主義及其制度。（四）禮教與哲學……等等先標出若干門目而鳥瞰全書綜析其資料庶可以見彼時代一家學派之眞相也。

以常識或修養應用爲目的而讀禮記者因小戴記四十九篇。自唐以來號爲「大經」自明以來列爲五經之一。誦習之廣次於詩書。久已形成國民常識之一部。其中精粹語有裨於身心修養及應事接物之用者不少故吾輩宜寶而讀之。惟其書繁重且乾燥無味者過半。勢不能以全讀吾故不避僭妄爲欲讀者區其等第如左。

第一等　大學　中庸　學記　樂記　禮運　王制

第二等　經解　坊記　表記　緇衣　儒行大傳　禮器之一部分　祭義之一部分

第三等　曲禮之一部分　月令　檀弓之一部分

第四等　其他

吾願學者於第一等諸篇精讀。第二三等摘讀。第四等或竟不讀可也。右有分等。吾自知爲極不科學的極不論理的極狂妄的。吾並非對於諸篇有所軒輕。問吾以何爲標準。吾亦不能回答。吾惟覺禮記爲青年不可不讀之書而又爲萬不能全讀之書吾但以吾之主觀的意見設此方便耳通人責備。不敢辭也。右專就小戴記言其大戴各篇則三四等居多也

禮記注釋書。至今尚無出鄭注孔疏右者。若非專門研究家則宜先讀白文有不解則參閱注疏可耳。若專治禮學則淸儒關於三禮之良著頗多。恕不悉舉也。

大戴禮記因傳習夙稀。舊無善注且譌誤滋多。淸儒盧文弨戴震先後校勘。始漸可讀。孔廣森大戴禮記補注。汪

照大戴禮記補注。皆良著也。

附論爾雅

爾雅今列於十三經。陋儒競相推挹。指爲周公所作。甚可笑。其實不過秦漢間經師詁經之文。好事者編爲類書以便參檢耳。其書蓋本爲『記百三十一篇』中之一篇或數篇。而大戴曾採錄之。張揖進廣雅疏所謂『爾雅一篇叔孫通撰置禮記文不違古』也。臧庸列舉漢人引爾雅稱禮記之文。如白虎通三綱六紀篇引禮親屬記文見今爾雅釋親。孟子『帝館甥於貳室』趙岐注引禮記。亦釋親文。風俗通聲音篇引禮樂記乃爾雅釋樂文。公羊宣十二年何休注引禮記。乃爾雅釋水文。此尤爾雅本在禮記中之明證也。自劉歆欲立古文學。徵募能爲爾雅者千餘人講論庭中。自此禮記中之爾雅篇。不知受幾許撏撦附益。乃始彪然爲大國。駸駸與六藝爭席矣。